FREIXIT ?
Les cyclistes économiques

J.M. Keynes, le cycliste Anglais contre le cycliste américain, Milton Friedman

MACROECONOMIE, LA PISTE VITALE 5
Fonctionnement du système monétaire
ROLE PARADOXAL DE L'ARGENT 8
L'argent (suspect) comme instrument de mesure
L'argent (suspect) comme moyen d'échange
LES MARCHES, SES LOIS ET ACTEURS 16
Ses lois
Les 4 acteurs
Rôles des 4 acteurs
Traitement des informations
L'ECONOMIE HUMAINE 32
Les marches et les capitalismes
Capitalisme productif
Capitalisme financier et effet de levier
Surpuissance de l'argent
Effets psychologiques sur la circulation monétaire
FINANCE : OMBRES DU SYSTEME LIBERAL 64
Le trompe l'œil des inflations et leurs compensations
LA PROPRIETE, PUISSANCE PREDATRICE DU CAPITAL 91
Les crises
La puissance prédatrice de la finance
POLITIQUE DE L'ECONOMIE 112
Et l'emploi ?
COMMENT RENVERSER LA TABLE 118
Premières mesures
CROISSANCE ET PROGRES ? 129
Epilogue ? Fin de l'Histoire ?
La politique économique sociale et solidaire.
Post marxisme

PREFACE

Cet ouvrage portant sur la macroéconomique, apparemment technique et didactique, devient politique par la force des choses : l'Economie est toujours politique. S'agissant du *choix* de dépenser, elle l'est même au niveau individuel. Au niveau national, comme au niveau international, il a pour ambition de montrer que le processus de l'argent roi, non maîtrisé, peut entrainer beaucoup de pays du monde dans des crises DE PLUS EN PLUS GRAVES, ou, au contraire, s'il est maîtrisé, il pourrait diriger les pays vers une nouvelle prospérité. L'allégorie de cyclistes exprime la circulation monétaire sur une piste que l'homme a créé pour vivre mieux. Il est le cycliste, l'argent étant le vélo. L'homme a les moyens d'intervenir dans un système dont il a été l'auteur il y a quelques millénaires, à condition de contrôler et réorienter ses déviants nocifs. La plupart de nos contemporains vont découvrir qu'il y a une alternative au libéralisme dogmatisé sous la fameuse expression dite de « concurrence libre et non faussée ». La liberté, certes, mais laquelle, pour qui ? Pour rectifier la tendance actuelle prédatrice, parce qu'inégalitaire, faut-il continuer à laisser faire, laisser passer ? Ou réagir sans attendre l'intendance ? Les responsables de l'activité économique, comme les acteurs d'un scénario qu'ils improviseraient, modifient leur texte en jouant leur propre partition. Ils réorientent les flux monétaires à leur avantage. A condition de se libérer des liens que les lobbys ont tissés autour des pays, développés, et de mettre en pratique les mesures préconisées dans ce livre, les pays de l'Union européenne, seraient susceptibles d'agir favorablement sur la croissance et le plein-emploi. Ce qui permettrait de réhabiliter le travail dans une société où il est de plus en plus remplacé par le machinisme. Ce qui reviendrait à réinstaller le programme connu de « l'Etat-providence » du Conseil National de la Résistance, système précédé après la dernière guerre, par celui de la Suède, qui alliant protectionnisme humain et progrès au plus haut niveau, a été le parangon de la prospérité heureuse avant la France et ses Trente glorieuses. Programme qui a été « détricoté » en France depuis les années 83, au *bénéfice* de la Finance qui préfère l'austérité, instaurée notamment par la Banque centrale (BCE) de l'Union européenne, (U.E), approuvée par référendum en 1992 par le traité de Maastricht. Peut-être faudrait-il suivre l'exemple de la Grande Bretagne. Après, le Breixit, le Freixit, ce qui, sans confondre indépendance politique et protectionnisme commercial, serait une porte de sortie vers une Economie plus en phase avec sa tradition républicaine humaniste. Le progrès, selon son contenu, devrait mener vers la prospérité et le bonheur de tous les pays développés. C'est le pari proposé dans cet ouvrage, comme un futur possible.

AVANT-PROPOS

L'argent, inventé il y a environ 3000 ans, qui marque la valeur des biens que l'homme produit grâce à sa force de travail, a permis de rechercher, fabriquer transporter, échanger, pour, enfin, utiliser ces biens qui peuvent être matériels aussi bien qu'immatériels. Comme le cycliste progresse grâce à la roue, la dynamique du travail, que l'argent transmet en circulant, est la base de l'activité économique réelle. En ne tenant compte que des résultats économiques chiffrés, on oublierait l'élan vital (Henri Bergson), qui a fait progresser la société humaine, bien avant l'invention de la monnaie. L'analyse de ce système monétaire conçu par l'Homos sapiens, à bon escient, mais géré par les hommes de pouvoir, public et privé, ne s'embarrassera pas des chiffres et statistiques, que ces derniers utilisent pour sacraliser leur vérité sous prétexte de réalisme. La « réalité » est trop fugace pour être enfermée de cette façon. *Et sacraliser les chiffres pour démontrer la vérité est contradictoire puisque que ce sont de pures abstractions, des représentations virtuelles de la réalité et non la réalité elle-même.*

> L'ECONOMIE A L'ANGLAISE ?
> ---
> *Margaret Thatcher* : *Il n'y a pas d'alternative (There is not an alternative (TINA))*
>
> Pourtant 2 siècles auparavant :
> *Adam Smith* : *Ils sont presque fous ceux qui pensent qu'on peut gérer un grand pays comme on dirige un ménage.*
>
> *XX e siècle :*
> *J.M. Keynes* : *Il faudrait euthanasier les rentiers*

MACROECONOMIE, LA PISTE VITALE
L'argent, outil fondamental du système économique

A l'origine l'homme travaille pour produire de quoi se nourrir. Il obtient ses produits par la transformation de produits primaires, issus de la Terre : sa force de travail, issue de sa nourriture, la renouvelle. Sapiens devenu sédentaire, il invente des outils mécaniques, pour faciliter son travail en qualité et en quantité. Il obtient, grâce à ces outils, des **surplus** qui seront échangés contre des surplus différents de producteurs voisins : l'homme est alors, à la fois producteur et consommateur de ses produits. Il pratique le troc de ces surplus avec ceux de ses voisins immédiats. L'échange était franc et direct, produits échangés de gré à gré à partir de leurs valeurs-travail, compte tenu du temps et des difficultés pour les obtenir.

L'énergie nécessaire aux outils qui animent un système conçu pour faire passer une valeur d'un état à un autre, doit être maintenue pour compenser la perte inhérente (usure) à cette transformation. C'est la loi du 2 e principe de la thermodynamique : le moteur d'une voiture a besoin d'essence pour fonctionner. L'énergie qu'elle recèle explose pour faire fonctionner la mécanique, mais elle n'est pas utilisée en totalité. La chaleur résiduelle du moteur en témoigne. Sans compensation énergétique permanente, le système perdrait sa force et s'arrêterait. Les ressources naturelles se tarissent, comme le disent les écologistes.[1] Ce qui, théoriquement devrait tendre à la future destruction de notre monde, comme de tout système (encadré 1) dont les ressources ne sont pas infinies.

Fonctionnement du système monétaire

C'est donc avec des impulsions permanentes productives que l'activité d'un pays évolue. Les chiffres qui interprètent leurs valeurs donnent des résultats[2] sur son évolution économique, mais dépendent, en partie, de facteurs psychologiques, donc humains, comme on le verra après avoir étudié son aspect mécanique. Fluctuants par nature, il ne sera guère possible de les anticiper. En connaissant son fonctionnement habituel on peut toutefois espérer l'orienter au mieux de l'intérêt commun.

L'information, qui donne un nom à toute chose ayant une valeur, lui donne vie. Le philosophe français Bergson a donné le nom d'« élan vital » à l'activité de l'homme sur Terre. Depuis la **formation** de l'univers, de l'entropie qui a

---

[1] Le deuxième principe de thermo dynamique prévoit une autodestruction progressive de notre monde, mise en avant par l'écologiste Georgescu-Roegen, au début du 20 e siècle.
[2] Moyennes, statistiques, graphes, pourcentages.

suivi l'explosion initiale, chaque particule élémentaire qui est parvenue sur notre planète, est une information (énergétique) qui depuis cette origine, a évolué dans des systèmes interconnectés, de façon autonome. Comprendre cet élan vital suppose de s'informer sur ce qui propulse le système cyclique production-consommation[3]. Dès son origine, depuis que l'homme est sur Terre, il a fallu qu'il ait de quoi satisfaire ses deux besoins existentiels indispensables : sa **nourriture** et sa **protection**, ces termes seront repris sous toutes leurs formes, matérielles ou non. La **communication par le langage, le transport physique et immatériel de ses biens**, est le système symbolisé par des chiffres pour assurer la dynamique des liaisons indispensables à la satisfaction de ces besoins. Il s'agira de s'informer sur les valeurs qui leur sont attachées et sur la façon de les échanger, d'abord par le troc et par la suite, avec la monnaie.

Les valeurs ainsi numérisées par l'argent, est l'outil du système qui donne des informations qui sont ensuite traitées, et manipulées, par et pour l'ensemble de la société. Ce sont des abstractions commodes certes, mais inventées pour repérer l'espace, le jalonner et s'approprier plus facilement des valeurs par nos sens imparfaits. Toutefois simplement plus précis, plus commodes, l'argent ne devrait représenter guère plus de la réalité que ne mérite cet outil. Et non une puissance indue allant parfois jusqu'au fétichisme.

L'Economie, vue sous l'angle monétaire, est alors un système d'informations qui s'applique à tout processus engagé pour obtenir un produit, matériel ou non, afin d'en connaître la valeur, et pouvoir, éventuellement, le transmettre à un individu final, l'acheteur. L'économie dynamique, sera

---

[3] Consommation étant prise dans le sens général d'utilisation, après achat.

représentée avec des flèches dirigeant ces valeurs, des vecteurs, qui lui donnent sens et force[4].

LE ROLE PARADOXAL DE L'ARGENT

Pour comprendre le rôle de l'argent, ses actions de traitement de l'information[5], il faut connaître cet outil magique ou maléfique, dont chacun se sert.

L'argent (suspect) comme instrument de mesure

L'évaluation d'un produit s'effectue avant tout selon la formule fondamentale du travail, c'est-à-dire, une force déployée dans le temps et l'espace. Selon le 2 e principe de thermodynamique évoqué plus haut, le résultat est un **produit** de valeur énergétique inférieure à la valeur énergétique initiale. Chaque production ne transmet donc pas la totalité de l'énergie initiale nécessaire à ce changement d'état. Mais cette perte de calories, à l'échelle individuelle primitive, passe inaperçue car elle est faible et variable. Dans la préhistoire, elle était compensée naturellement par l'énergie maximum déployée par le travailleur pour subvenir à ses besoins. Dans une société qui pousse au rendement collectif, dans la mesure où le nombre de bouches à nourrir a tendance à augmenter dans une population, ce rendement productif compensatoire maximum sera une nécessité permanente. Malgré cet effet paradoxal, certes peu visible, malgré ses déviants sur des marchés devenus colossaux, on continue à faire confiance à l'argent, parce qu'on n'a plus le choix : l'homme a inventé le système monétaire pour faciliter son existence sur une Terre nourricière mais difficile, et, chaque fois que possible, en

---

[4] Sens d'abord donné par celui de la chaud allant vers le froid.
[5] Chaque information est une valeur numérisée par l'argent et représente une part d'énergie de la planète : la force déployée par l'activité humaine.

améliorer le rendement. Mais il devra lutter en permanence contre ces déviants, pour en tirer le meilleur parti. Cela se traduira par une réévaluation, de la valeur initiale à transmettre. La force d'un bœuf pour tirer une charrue permettait de compenser la faiblesse de l'homme seul. Certes il a fallu le nourrir, ce qui a consommé une partie de sa production. Mais au final, le rendement est supérieur. Grâce aux outils inventés depuis l'âge de pierre, qui lui servent de levier, le rendement est un effet secondaire du système qui permet de perpétuer l'activité de l'homme sur Terre : ce « toujours plus » était dans les poignées de graines de blé qu'il gardait pour ensemencer la prochaine récolte [6].

Quand l'homo-sapiens, devenu agriculteur sédentaire, vivant en société, produisait sur un terrain uniforme, plutôt des céréales, il pouvait « troquer » une partie de sa production contre d'autres produits tels que des fruits et légumes à un autre agriculteur dont le terrain proche était plus favorable à ce type de culture. Ou à des artisans spécialisés dans la fabrication d'ustensiles et outils utiles pour augmenter le rendement de son travail. Ce qui déplaçait peu le lieu et le moment de cette deuxième partie du système production-consommation, alors que, sans échanges, solitaires entièrement autonomes, ces producteurs auraient consommé directement leur propre production.

Le coût du travail, l'abondance ou la rareté de la matière première peut changer la donne initiale. De la possession de surfaces et de rendement inégaux de terrains cultivés par l'homo sapiens sédentarisé, vient l'existence d'une classe

---

[6] Dans le système agricole actuel une loi interdit de garder une partie des semences de blé récoltées pour resservir à la prochaine saison.
L'agriculteur doit acheter des « variétés » à des « obtenteurs » chargés d'en améliorer le rendement.

de riches. C'était déjà le cas dans la Grèce antique qui a adopté sa monnaie peu après son invention.

Il suffisait que la valeur des pièces repérées selon leur poids et leur matière, créées dans ce but, soit garantie par une autorité supérieure qui se chargeait de les fabriquer. Cette garantie ne pouvait évidemment être assurée d'une certaine pérennité qu'avec sa rareté et difficulté de fabrication. Garder un certain temps un bien qui le représente mais qui tient dans la main n'est possible que si ce bien ainsi symbolisé et matérialisé, ne subit pas d'altérations, comme l'or. Donner ainsi la **confiance** à ceux qui les possédaient, garantissait de pouvoir ensuite retrouver d'autres biens, de valeurs comparables, bien que différentes de celles établies par le producteur initial. Cette **qualité** attachée à l'argent monétarisé par les échanges est un élément **psychologique**, inchiffrable, qui rend en partie irrationnelle la macroéconomie uniquement examinée de façon quantitative, en comptabilité. L'argent matérialisé repère et quantifie des valeur-travail qui seront admises par tous, et maintenues comme telles par tradition.

L'argent (suspect) comme moyen d'échange
Dans un premier temps, celui du troc, le rendement supplémentaire de la production permettait, ainsi libérée, permettait de l'échanger avec d'autres produits. Avec la monétarisation généralisée, ce sera souvent la totalité de la production, catégories par catégories, qui sera échangée.

Si l'on *confie* [7] à l'argent, un *système* d'évaluation, noté sur le produit, pour un bien qui aura une certaine valeur travail, c'est

---

[7] Ce mot prend son importance, sur les figures 1- 2-3. Au sens figuré il a pour synonyme « adhésion ». Avec son sens propre dans le domaine physique, il introduit la notion de glissement. Dans ce cas il renvoie à

évidemment pour l'échanger contre un bien annoncé comme ayant une valeur (énergétique) équivalente. Certes le troc permettait l'échange de gré à gré, mais entre deux voisins. Depuis son invention l'argent, comme moyen de comparaison, comme une pesée sur une balance, permet d'attribuer des valeurs aux biens et de les échanger contre d'autres biens par tout acheteur situé à distance. Si le partenaire qui le reçoit est très éloigné, alors un transporteur effectue un travail qui s'ajoute au travail initial. S'il y a d'autres intermédiaires, tels que les commerçants, ils ajoutent également leurs propres critères d'évaluation du bien. L'acheteur final subira une augmentation du prix initial parfois importante.

Par ailleurs, l'évaluation des biens par l'acheteur dépend de critères personnels, tel que son pouvoir d'achat, donc variable selon la catégorie sociale à laquelle il appartient. Or toute évaluation de ce type pour un particulier se fait à l'aune d'anciennes évaluations de biens similaires, plus ou moins bien mémorisées, donc toujours approximatives. Le poids de l'argent mis sur la balance a beau être un étalon considéré comme stable, ce qui est sur le plateau ne garantit pas une pesée identique à celle d'un autre producteur, ni à celle d'un autre acheteur : à chacun sa balance. L'acheteur subit les inconvénients de l'évaluation confidentielle du produit [8]. *On ne sait généralement pas comment ont eu lieu les pesées qui ont abouti à ces valeurs.*

On a vu que la monnaie, en tant qu'instrument de transformation diminue incidemment la valeur des plus-

---

l'aspect impondérable des relations entre les mouvements de deux systèmes.
[8] Pour les sociétés anonymes, les comptes sont publics, mais complexes, concernant essentiellement les actionnaires, les plus concernés, ce qui échappe au grand public.

values de production. Cette perte souterraine, indépendante de la valeur initiale des biens transportés est une perte intrinsèque au système vital de production, monétaire ou non. Le chiffrage monétaire donne des résultats admis comme vrais. Pourtant, ils sont toujours faussés par l'échange lui-même[9]. Les opérations de chiffrages, déplacer une valeur pour en obtenir une autre est une transformation, régie selon les lois générales du traitement de l'information qui consiste à transmettre des valeurs dans des « nœuds » où ils sont modifiés avant d'être redirigés.

La double transmission énergétique, qui opère en boucle, obéissant à loi des systèmes, en subit un minimum d'érosion à chaque processus de transmission[10]. Mais, cette perte purement monétaire, systémique, ne sera ressentie que sur le long terme par leur cumul. Peu sensible parce que marginale, cette érosion n'en nécessitera pas moins une compensation à terme. (chapitre : «les mystifications de l'inflation, et leurs compensations»). Cette érosion de la valeur monétaire, effet secondaire naturel du système est confirmée par les statistiques historiques[11]. Ainsi, la valeur travail, provisoire, n'est pas respectée dans la réalité de sa valeur énergétique non seulement par les difficultés d'appréciation des valeurs qu'on vient de voir, mais par son inconstance dans les transferts, malgré leur brièveté. Contrai-

---

[9] L'argent est alors juge et partie : utilisé comme outil, mais sous le contrôle du propriétaire du bien.

[10] Il y a un double temps de transit du bien A arrivé à C qui est celui de la production et celui processus d'échange effectué par l'argent- valeur énergie B, qui fausse les valeurs. A toute évaluation monétaire d'un produit, s'ajoute un temps minimum, à cause de B, l'argent lui-même[10], qui sert de véhicule pour ce passage de l'un à l'autre état.

[11] Fournies par l'INSEE et autres organismes tels qu'Intestat, Wikipédia, OCDE, années après années.

rement à ce que la plupart des économistes disent en estimant que les chiffres traduisent la réalité, et, s'appuyant sur ce principe, persuadent tout un chacun qu'ils détiennent la vérité. Mais la soi-disant exactitude des chiffres n'est qu'apparente : la réalité d'un système en mouvement reste incertaine.

C''est pourquoi dans ce monde changeant, le producteur, prend des risques en s'installant et en investissant pour son produit. Il admet de le perdre de vue lors de son premier échange sur les marchés. Certes sa valeur, le prix qui est transporté avec le bien lui sera restitué, dès ce premier achat. L'échange retourne l'argent nécessaire au producteur et éventuels intermédiaires, pour reproduire et transmettre d'autres biens dans une succession permanente. Les acheteurs « consomment » les produits échangés pour régénérer leurs forces de travailleurs-producteurs. Mais dans la chaîne de production les travailleurs retrouveront rarement intacte la valeur travail qui a été nécessaire à l'origine. Ces faits, qu'ils acceptent parce qu'ils rendent service et parce qu'ils n'ont pas toujours le choix, peuvent devenir des « méfaits » dans la mesure où la valeur travail des biens vendus, est loin d'être récupérée avec équité par les auteurs de la production, quand, simples travailleurs, ils n'en sont pas propriétaires : l'argent retourne d'abord au propriétaire, qui est en fait un intermédiaire. Bien que ce soit grâce à leur énergie, transmise à l'argent, que le système fonctionne, ils en subissent les pertes, sauf quelques compensations acceptées par le producteur-propriétaire quand la frustration de ces travailleurs est trop forte[12].

---

[12] Constat développé par l'idéologie anticapitaliste

Comme pour tout système, l'outil qui le fait fonctionner est neutre si on le considère du seul point de vue mécanique. Il ne fait que ce pourquoi il a été conçu. Les systèmes en mouvement vont donc bien évoluer sous la pression initiale, mais peuvent modifier leur parcours, plus ou moins rapidement, et finissent parfois par changer radicalement les résultats espérés sous la pression de circonstances extérieures, durée et difficulté de parcours. D'où l'inefficacité ou les risques du système des marchés, même bien conçus[13]. Du point de vue humain, les forces productives sont instrumentalisées par l'argent d'un système créé par l'homme. Il lui faudra des interventions pour corriger les erreurs de parcours, de coopérations, dans l'environnement sociétal et politique dans laquelle il évolue, pour maintenir les effets escomptés. Mais ceux-ci, dépendant de décisions humaines, sont fluctuants. Concevoir un système humain suppose un risque, celui de l'imperfection.

C'est, globalement, celui du fonctionnement du système lui-même, qui sera repris et mis en question pour être complété au chapitre. « Les « mystification des inflations et leur compensations ». Outil de comparaison peu fiable, l'argent qui attribue une valeur à un bien quelconque, transporté à distance sans que l'acheteur final, la population, connaisse sa valeur naturelle initiale, ne peut avoir de fiabilité en tant que tel, car à chaque échange il fera baisser les valeurs, de façon sous-jacente, au moins le temps de la transaction. Comme pour tout système en mouvement, il faut compter sur l'usure du temps, à plus ou moins long terme, sur tout produit matériel comme immatériel. D'ailleurs on dit que le

---

[13] C'est ainsi que des « mesures » prise par les pouvoirs politiques, ne portent pas toujours les fruits escomptés.

temps, c'est de l'argent. On a *confié*[14] à l'argent un *système* d'évaluation, noté sur une étiquette d'un produit qui aura toujours une valeur incertaine, car décidée par les producteurs et intermédiaires, selon des critères qui leur sont propres. Ce qui ouvre la porte à des différences et abus (spéculation) sur les marchés.

Cette déficience passe inaperçue, tant l'égalité de la valeur échangée du bien semble parfaite…si l'acheteur estime sa valeur suffisamment « normale ». Mais à terme, il y aura nécessairement besoin de régulation pour que l'argent-énergie du travail soit le mieux restitué au travailleur producteur.

Les échanges devenus plus rapides depuis la fabrication du papier-monnaie, le sont encore plus depuis que les comptes sont inscrits pour les entreprises et que les ordinateurs transportent les valeurs, à la vitesse de la lumière. Sensible aux mouvements extérieurs, l'argent-outil du système, ne pourra qu'engendrer des accidents de parcours, parfois une disparition, avant d'être utilisé à bon escient. Le processus d'évaluation d'un bien à un moment donné, par la monnaie d'une part, et sa transmission d'autre part, par le même outil, forment deux systèmes qui interfèrent, deux rôles, qui les complexifient au point qu'ils peuvent rendre son fonctionnement incohérent.

L'Economie chiffrée fait apparaître ces valeurs symboliques finales, qui évaluent l'activité humaine, après avoir

---

[14] Ce mot prend son importance, sur les figures1- 2-3. Au sens figuré il a pour synonyme « adhésion ». Mais avec son sens propre dans le domaine physique, il introduit la notion de glissement. Dans ce cas il renvoie à l'aspect impondérable des relations entre les mouvements de deux systèmes.

été ***traités en permanence*** dans la chaîne de production, rendant ces informations significatives par leur chiffrage, après avoir été agrégées au niveau national. Elles rendront compte du flux des échanges, sous forme de courbes et schémas, sur le passé. Ce qui permettra d'en déduire une tendance pour l'avenir, mais à court terme.

Malgré un effet paradoxal, certes peu visible, malgré ses déviants sur des marchés devenus colossaux, on continue à faire confiance à l'argent, parce qu'on n'a plus le choix : l'homme a inventé le système monétaire, pour faciliter son existence sur une Terre nourricière mais difficile, et, si possible, en améliorer le rendement.

*L'extension lente et progressive de la production d'un pays se fait sentir à long terme. D'où viennent modernisme[15] et « **progrès** » dans la mesure où il s'agit de satisfaire, en priorité, les besoins essentiels de la population. Mais on ne sait, à terme, ce que contiendra ce « progrès ». Tout dépendra des priorités des interventions, par l'Etat et par ceux qui gèrent la production. On devra lutter en permanence contre ces déviants, pour en tirer le meilleur parti.*

LES MARCHES SES LOIS ET ACTEURS

La création des marchés a donc eu les avantages d'augmenter les échanges de biens, qui ont fait progresser l'humanité par la quantité et la qualité des biens produits, mais aussi des inconvénients, les déviants du système, dont celui de spolier les travailleurs non propriétaires de leur outil de travail. La « logique » du système des marchés, *libres et*

---

[15] Il faut préciser le terme : le modernisme peut n'être qu'un progrès factice, selon ce qu'il apporte de satisfactions aux citoyens.

non faussés, depuis que l'argent ainsi libéré a permis de les faire croître semble devoir augmenter la production à l'infini. D'où la mondialisation en cours.

L'argent a fait l'Economie vitale moderne, mais en créant de plus en plus d'intermédiaires intervenants dans la circulation monétaire sur les marchés. Cette mouvance de l'argent, qui distribue des biens de façon plus ou moins équitable dans tous les pays, a été analysée par J.M. Keynes, économiste Anglais de renom du début du 20 e siècle, qui restant libéral, a réfuté la solution que Marx préconisait, de nationaliser les moyens de production privés. Il préconisait pour sa part, de supprimer une autre « anomalie », celle des plus-values d'un intermédiaire relativement nouveau, le prêteur individuel ou financier dont la spoliation monétaire était, à ses yeux d'économiste, au moins aussi importante que celle des producteurs dénoncée par Marx.

Ses lois

Sans être comptable, chacun sait pertinemment qu'une entreprise fait son bilan, en arrêtant les comptes à un moment donné. Ils arrêtent ainsi les « actifs circulants », ces variables, vecteurs dont on a parlé, qui ont « **produit** » des changements dans le « **système** » pendant un certain temps d'activité. Ce que contiennent ces actifs, sont donc les valeurs monétaires fléchées de la figure 1. L'ensemble de ces systèmes font les marchés globalisés pour chaque pays, en partie ouverts vers l'extérieur, mais essentiellement internes. Ces systèmes suivent, comme tout système la loi des systèmes en mouvement, notamment en produisant des effets secondaires[16].

L'évaluation d'un bien qui semble obéir à la loi de l'offre et de la demande sur les marchés, dans la mesure où les producteurs pluriels sont confrontés à la concurrence, a un caractère éminemment subjectif, tandis que le processus transactionnel obéit à un ordre de destination, simple moyen de transport [17] qui n'est plus concerné, une fois arrivé sur le marché.

La loi des marchés décrit un avantage réel, le développement économique, et un inconvénient, une perte de valeur, effet secondaire tiré du bien en transit. Cette perte de valeur résiduelle n'est pas dédiée uniquement aux propriétaires des biens dont ils se séparent, mais à tout possesseur d'argent sur le long terme (encadré 2). La fameuse loi des marchés n'est pas parfaite comme l'avaient admis les économistes classiques comme Adam Smith ou Ricardo. En particulier les Bourses, qui sont le reflet de l'activité économique, font « travailler » les ordinateurs pour des enchères à partir des plus-values incertaines. Les sommes ainsi traitées prennent parfois des proportions vertigineuses, dans une spirale des plus dangereuses. Les valeurs boursières s'effondrent sans possibilité de freinage. (chapitre traitant des crises financières : « Puissance prédatrice de la finance »).

Dans le système monétaire, l'homme, change en permanence son rôle dans l'activité économique, de proprié-

---

[16] Deuxième principe de thermodynamique: il n'y pas de transmission complète de l'énergie qui fait un état à l'autre. D'où usure qui est un déviant ou effet secondaire.

[17] Même si les prix sont imposés, ce qui a été le cas après la dernière guerre en France, ils n'étaient pas calculés par l'Etat, seulement constants, pour éviter l'inflation.

taire-producteur, ou producteur-travailleur, il est aussi consommateur. Mais suivant sa position dans la société, il détermine la production par ses achats, un système qui est, pourtant, en partie faussé.

Le fonctionnement d'un système est perturbé par les autres systèmes auxquels s'il est lié à une production de même type, dans un système libéral. Il y a alors, un antagonisme dans la production, appelé concurrence. Les systèmes de production concourent alors pour augmenter leur puissance en absorbant ceux qui sont plus faibles. Cette loi des marchés est identifiée et relayées par les 4 acteurs qui sont décrits dans le schéma de la figure 1. Ils prenant chacun leur part à la circulation monétaire. Le premier responsable, bien que généralement inconscient, est l'acheteur individuel, celui qui détermine la production nécessaire à satisfaire ses besoins vitaux. Les 3 autres responsables prennent le relais en accentuant ou, quelquefois, retardant la circulation monétaire, étant entendu que les actifs en circulation, peuvent être matériels ou immatériels (tels que les services).On doit donc toujours suspecter la fameuse loi de l'offre et de la demande, qui sous prétexte de liberté des prix, est supposée équitable. Or une loi est faite pour réguler les excès et les erreurs. Il faudrait dire à l'opposé, « la dictature » de l'offre et de la demande, de l'argent qui circule sur les marchés, toujours suspect, par des acteurs qui ont le pouvoir de l'influencer. Il sera donc toujours insuffisant de ne retenir que le sens que donne le chiffrage de l'activité d'un pays, pour en déduire l'évolution humaine d'après seulement l'évolution économique des marchés, c'est-à-dire sa richesse, puisque l'instrument qui manie ces symboles est lui-même imparfait. Que se cache-t-il derrière ces résultats ? L'interprétation de la plupart des économistes orthodoxes est sujette à caution car rien ne prouve que les chiffres des statistiques, soient justes.[18]. Selon les périodes examinées, un facteur de distorsion intervient dans le système monétaire à tous les niveaux des sous-systèmes régis par les acteurs qui les influencent. Les flux d'échanges monétaires accentuent les distorsions des valeurs d'échanges par le seul mouvement. Insistons sur cette variabilité : dans la valeur des biens représentés par l'argent, elle détermine des inégalités, des enrichissements sans cause, du seul fait de la façon dont chaque dépositaire, même momentané, va retraiter, la valeur qu'il reçoit.

Les 4 acteurs

Les producteurs ont *entrepris* d'intervenir dans le processus de production-consommation, avec la préoccupation d'en augmenter le rendement et de tirer profit pour eux du *service* qu'ils rendent en élaborant des systèmes sophistiqués pour la réalisation de produits proposés à des consommateurs dont les besoins essentiels dans le monde occidental. D'où la stratégie de l'offre qui renforce le capitalisme par accumulation de ces profits, déjà multipliés par la révolution industrielle, et par l'économie numérique actuelle. Le travail de « l'homo aeconomicus » avec son double aspect, une promesse de richesse sous tendue par la progression de ces profits, mais aussi, liée à la production progressivement augmentée et dispersée, son usurpation par des intermédiaires de plus en plus nombreux, qui ont **entrepris** d'intervenir dans ce processus pour en accaparer le maximum possible. En particulier les banquiers qui aident à transporter l'argent qui transporte les biens qu'ils représentent. Autre usurpation, les prébendes des propriétaires de l'outil de

---

[18] Le procédé est déductif. Partant de résultats il ne peut qu'émettre des probabilités sur le futur. Alors que notre méthode étant inductive, elle n'engage pas l'avenir tout en revenant sur les prémisses pour modifier si nécessaire les résultats.

travail, ces surplus dus au seigneur par le servage de l'époque féodale, ont eu beau changé d'aspect avec la Révolution, ils n'ont pas changé le fond : l'aliénation des travailleurs. Dans le code du travail, il est clairement indiqué que les employés sont les subordonnés des chefs d'entreprise.

L'énergie des plus-values de la monnaie, due aux producteurs-distributeurs-, aux financiers qui en prêtant de l'argent - qu'ils n'ont pas en réserve[19] -, sont créateurs de monnaie qui s'ajoute à celle de l'Etat qui pouvait, sauf dans la zone euro, fabriquer la monnaie nationale, ou l'emprunter. Elle est alors utilisée à des fins diverses par ces acteurs qui en ont le droit, suite à la création libre des marchés. Ils font circuler ces biens produits par le travail, évalués à partir de celui-ci, mais chargés de ces plus-values, autrement dit plus chers. Ces intermédiaires en se plaçant entre la production des biens initiale et la consommation, entre le travailleur devenu l'acheteur final en augmentent donc les prix.

Reste que sans un signe significatif de l'augmentation de la masse monétaire globale réelle, qui correspondrait à une augmentation de la production, déduction faite des gains de productivité, il ne peut y avoir de progrès réel[20]. Les économies de nombreux pays actuellement en récession, renforçant les inégalités, en apportent la preuve[21].

---

[19] Une règle établie par un consortium bancaire international, « Bâle III » établi à Genève, consiste à accepter de ne pas posséder environ plus de 10 % des sommes prêtées. 90% % sont ainsi empruntées à leur tour à des banques confrères. Ce qui constitue un immense réseau, fragile.
[20] En monnaie constante s'entend, ce qui donne le niveau du pouvoir d'achat moyen réel.
[21] Les « décroissants » n'en tiennent pas compte. Ceux qui refusent dogmatiquement le moindre risque inflationniste, font la même erreur de lier progrès, donc production réelle, qui peut être d'origine non matérielle et consommation inutile, purement comptable.

Rôles des 4 acteurs

Il faut insister, sur le fait que la production fait système dans un mouvement alternatif, comme celui que l'individu producteur-consommateur utilisait à ses débuts par son travail, mais sans l'argent. Ce n'est qu'avec l'extension de la monnaie, que trois autres acteurs se sont rattachés au système, l'Etat, l'Entreprise, et la banque celle-ci ayant le rôle particulier de compléter la fabrication monétaire étatique en raccourcissant le temps de travail dans la formule espace - temps. La macroéconomie sera vue sous l'angle de ce qui la fait fonctionner, la monnaie, en décrivant ses rôles bénéfiques ou maléfiques chaque fois que la masse monétaire passe dans ces 3 relais, pour en modifier le cours, en la transmettant après chaque traitement effectué selon leurs propres intérêts. Ce sont ces modifications qui sont intégrées dans la masse monétaire. Et c'est celle-ci, si elle augmente de façon significative, qui pourrait être le signe d'une augmentation de l'activité, elle-même génératrice de progrès matériel, et de qualité immatérielle. Elle peut être simplement nominale, si les prix augmentent mécaniquement par le seul jeu des compensations à la perte de valeur de la monnaie, elle-même due à son fonctionnement systémique (chapitre « Le trompe l'œil de l'inflation ses compensations »). Mais elle peut aussi être due au progrès humain immatériel, déjà évoqué, dans le domaine de la protection-santé, pour la qualité de la production matérielle, pour le confort et même le luxe, du moins pour une partie de la population, pour la modernisation des produits courants, plus ou moins durables. Du moins, c'est l'argument principal utilisé par les entreprises et leur département de recherche et développement. Si cela a été le modèle imité par la plupart des pays, surtout depuis la fin du modèle égalitaire communiste de l'URSS, pour ce qu'on a appelé « l'american way of life », il montre maintenant ses limites avec la violence sociale qui l'accompagne, tant la distribution de ces « richesses », vers le pouvoir d'achat des classes sociales, est inégale.

Ces acteurs vont traiter les flux qui leur parviennent dans leur propre intérêt : les plus-values. Ne serait-ce que par précaution, elles augmenteront d'autant le niveau de la masse monétaire. D'où l'inflation des prix. La monnaie transportera donc des valeurs issues de tous ces traitements. Selon leurs positions acquises dans le système économique le traitement des informations se fera à partir de ces décisions qui vont influencer l'Economie dans son ensemble. Elles entrent dans le phénomène dénoncé par Marx, de l'exploitation des travailleurs. Mais d'autres anomalies interviennent. Elles expliquent également pourquoi l'inflation est inévitable sur le long terme. (Voir chapitre « Le trompe l'œil de l'inflation et leur compensations ».

Dans le système général de circulation monétaire figurent quatre acteurs, (figure 1) chacun y prenant part avec des plus-values dans les quatre « nœuds », F1, F2, F3 et B relayés par les flèches des vecteurs. Après avoir été ainsi retraités, selon leurs choix, programmés pour servir leurs propres intérêts, ils rétrocèdent une partie de ces liquidités dans le système, et le relance avec un effet de levier plus ou moins fort dans la circulation, soit sous forme de salaires, soit en investissements, qui dans le temps va augmenter le production. Ces impulsions permettent à la monnaie d'augmenter sa vitesse de rotation. Ce retraitement cyclique, apporte des liquidités mais les répartit de plus en plus irrégulièrement dans un système libéral où règne la loi du plus riche si la concurrence est libre. Cela contribue à l'activité générale, mais bénéficie surtout aux classes moyenne et supérieure[22].

Traitement des informations

Population (F1)
C'est avant tout les travailleurs les retraités, privés ou publics, qui, par leurs achats, entretiennent ou développent la croissance. Ce sont eux qui, par leurs besoins vitaux ou secondaires à satisfaire, stimulent la demande de produits qui augmente alors les richesses après échanges sur les marchés de biens matériels ou non, supportés et transmis par la monnaie. D'où la nécessité du maintien de la vitesse de circulation monétaire pour cette redistribution par des apports en liquidités permanents des acteurs eux-mêmes. S'il y a tendance à la baisse de contribution de ces liquidités, les autres acteurs doivent les compenser d'une façon ou une autre. Sinon ils en subissent les conséquences, en disparaissant, alors qu'un surcroît d'activité leur profite.

C'est la conscience collective de la population d'un pays qui décide ou non du passage à l'acte d'achat, selon les choix individuels dictés par l'habitude, les besoins et désirs du moment. Chaque comportement individuel est globalisé après les sollicitations marchandes des produits proposés. Les spécialistes du marketing étudient la psychologie comportementale des individus de façon que chacun prête attention au produit et passe à l'acte d'achat. Stratégie de l'offre, qui

---

[22] Réfutant la théorie du « ruissellement » qui supposerait une répartition équitable jusqu'aux classes inférieures.

complète la stratégie de la demande initiale des besoins de base décrits plus haut. Dans nos sociétés modernes, tout ce qui consiste à produire ce qui peut apporter d'améliorations à la condition humaine, (encadré 3), les produits finis, plus ou moins nécessaires, de consommation, matériels ou non, les produits semi durables ou durables, sont chiffrés dans le produit national brut [23] (PNB). Ce marché ne comprend pas les biens de seconde main, mais les biens de l'économie souterraine non chiffrée (travail « noir » drogue, etc.), mais qui contribue toutefois à l'activité de l'Economie générale. Tout achat vient d'un marché, et tout en repart dans un cycle permanent toujours véhiculé par la monnaie[24].

    La population des classes supérieures par ses revenus de toutes origines, est celle qui possède le plus d'argent, soit actuellement 60% de la masse monétaire générale en France. Les banques, l'Etat, les classes moyennes et inférieures possèdent le reste de la masse en circulation, étant entendu qu'on exclut la capitalisation financière sous toutes ses formes. Mais bien qu'acteur principal, ces classes n'ont que peu de prise sur son augmentation. Bien que simple relais de l'initiative prise par d'autres, l'homme acheteur-consommateur poursuit sa « propension de la demande » comme l'a dit J.M. Keynes en harmonie avec ses revenus. C'est sa façon de retraiter l'information qu'il reçoit : plus ou moins de revenus réagit sur la vitesse de circulation monétaire, donc sur la croissance. Ce retraitement est dicté, par l'habitude. Il s'opère par choix de produits qui sont présents sur les marchés et sont limités par leurs valeurs marchandes. Réinjecter des liquidités dépend de celles qui ont déjà été

---

[23] Comprenant les produits destinés à l'export.
[24] Il faut toutefois exclure les échanges de particuliers à particuliers du marché secondaire.

fixées, par les producteurs et distributeurs. Le rôle de l'acheteur, catégorie à laquelle appartiennent donc les travailleurs, les retraités, est primordial mais reste machinal, obligatoire. Cet acteur principal, qui n'est pas propriétaire de la production, donc de son salaire, n'a guère les moyens de régler la puissance de son pouvoir d'achat, le niveau de salaire étant décrété par le propriétaire-producteur, et marginalement pour les fonctionnaires de l'Etat et, par la loi s'il existe un salaire minimum. Seule la pression des grèves peuvent éventuellement le transgresser. Arrêter la production est alors un bras de fer qui se termine tôt ou tard en faveur du producteur, surtout en période de récession où les entreprises dépensent le moins possible. D'où le chantage à l'emploi en période de chômage. L'investissement stagne. Cette force qui faisait avancer le système diminue ce qui accroît la récession.

l'Entreprise (F2)

L'entreprise peut-être un intermédiaire dans le circuit monétaire, entre consommateur et travailleur de l'entreprise, quelque soit le rôle qu'elle joue, productrice ou distributrice. L'individu travailleur, est généralement subordonné, au service de l'entreprise. Acheteur il subit la loi des marchés. L'entreprise « investit » dans la production et la distribution sur les marchés de marchandises et services en achetant tout ce qui existe dans ce sens et en innovant pour inciter à l'achat : stratégie de l'offre qui complète la stratégie de la demande[25] défini par J.M. Keynes. Elle fournit des résultats augmentés de plus-values toujours grâce au travail de ses employés. Mais pas en totalité : un « nœud de traitement de l'information » introduit des variables et paramètres qui modifient les va-

---

[25] Accentuée également par le crédit fourni par l'acteur financier

leurs, dans la circulation monétaire. Ce sont les forces et impulsions nouvelles, les plus-values, créées de toute pièce.

Des valeurs-produits plus performants viennent se superposer, généralement plus chers, aux valeurs initiales, si le travailleur travaille davantage, dans le cadre productif de l'acteur-entreprise. Ce sont des gains de productivité individuelle, quelquefois, simplement des améliorations organisationnelles s'il s'agit de gain de temps, ou des économies d'échelles dues à automatismes qui diminuent globalement le temps de travail nécessaire. Ces traitements ne sont efficaces que si le résultat final de ces mouvements supplémentaires, en quelque sorte des investissements dynamisants, est positif. Les plus-values finales sont redirigées vers les secteurs sociaux : vers les employés, quantitativement sous forme de nombre d'embauches, ou qualitativement sous forme d'augmentation des salaires. Ou encore vers les entrepreneurs, en valeurs distribuées aux actionnaires. Elles récompensent alors la prise de risque (spéculation) que suppose au départ l'acte d'entreprendre par l'apport initial de capitaux. L'intérêt de ces actions est donc patent dans un contexte de progrès permanent, puisqu'une partie des résultats financiers peut revenir ainsi multipliée, prioritairement aux apporteurs de capitaux, ou aux travailleurs selon les pressions humaines exercées. Un de nos récents présidents de la République, a estimé que l'argent gagné par l'entreprise devrait être partagé en trois parts égales, 1/3 en salaires, 1/3 distribué aux actionnaires, et 1/3 à l'Etat sous forme de taxes et impôts. Bien entendu cette répartition est totalement arbitraire. Elle n'intègre pas la liberté de l'entreprise dans un système de distribution des résultats soumise à la volonté de ses dirigeants. Quand on comptabilise la totalité des résultats nets des activités de toutes les entreprises, déduction faites des plus-values redistribuées, et des impôts, on obtient la valeur de ce qui pourrait être injecté dans la circulation monétaire.

Si elles sont en augmentation, la tendance est à la croissance. Le plus significatif étant l'augmentation éventuelle du salariat. Le plus négatif étant la redirection totale vers le patronat et les actionnaires. Il est évident que s'il s'agit de petites entreprises ou d'artisans, la redistribution éventuelle se faisant sans intermédiaires, l'effet croissance de l'autofinancement est alors plus sûr parce que plus direct[26].

Le Financier (F 3)

A la lumière de ce qui a été dit sur le rôle paradoxal de l'argent, on peut dire qu'en tant que système, l'argent financier existait en germe dès la création de l'argent lui-même. C'est un déviant qui n'est apparu qu'après un certain temps d'utilisation[27]. Il apporte de l'argent sous forme de prêts, le plus souvent. Quelques fois sous forme de dons en capital pour la création ou le développement des entreprises. La banque participe aux ressources de l'Etat sous formes de taxes et impôts en tant qu'entreprise commerciale. L'impulsion donnée par l'introduction dans la circulation monétaire de nouvelles liquidités est directement liée aux intérêts qui sont demandés aux particuliers, aux entreprises et, éventuellement à l'Etat. L'intérêt prend ainsi tout son sens. Mais il n'a pas recours au travail, la finance ayant cette propre ressource en interne, et le plus souvent en externe quand elle traite l'information en empruntant les sommes à réinjecter. Qu'on le dénigre ou pas, le rôle de prêteur est devenu important dans l'augmentation de la masse monétaire accentuée par les intérêts perçus. Il permet l'achat immédiat et de ce fait introduit une possibilité de croissance par l'impulsion donnée. Cette façon de créer de la monnaie,

---

[26] Contrairement à ce qu'on croit généralement, les grandes surfaces n'ont pas été un facteur de croissance économique, au contraire en détruisant des emplois par gain de productivité, elles ont contribué à son freinage.
[27] Marx l'a distingué de la valeur d'usage.

est parfois excessive, en se superposant à l'augmentation des prix. ? Ce qui accroit le phénomène inflationniste. Ce rôle était négligeable avant les années 1950. Il est devenu primordial dans l'achat immobilier pour les particuliers et dans le domaine des produits semi-durables tels que l'automobile. Plus récemment le crédit à la consommation est devenu un facteur d'expansion. Controversés par les écologistes parce qu'il s'agit le plus souvent de produits matériels qui sollicitent des besoins en énergie non renouvelable, ils contribuent à la satisfaction de besoins essentiels immédiats, ces échanges se transportant de plus en plus hors frontières, à la recherche de débouchés.

l'Etat (B)

C'est le seul acteur dont l'intérêt n'est pas spéculatif, si ce terme est pris dans son sens péjoratif, puisqu'il agit normalement dans l'intention de fournir des services à la population dont il est issu, pour l'entretien et l'amélioration des structures matérielles et par la satisfaction permanente de la protection organisationnelle de la société dans laquelle elle vit. Il en est ainsi pour sa santé et son-bien être. Sans rentrées d'argent suffisantes le solde budgétaire est déséquilibré, mais peu importe, du moins dans l'immédiat, si les dépenses injectent des suppléments de valeurs dans la circulation monétaire[28]. L'Etat, s'il est créateur indépendant de la monnaie peut en contrôler l'usage et l'importance par l'impôt et le contrôle des masses salariales qu'il distribue à ses fonctionnaires, ainsi qu'en aides et allocations diverses à la population. C'est lui qui peut stimuler la demande en redistribuant ce qu'il reçoit, sous forme d'allocations diverses. Toutefois, c'est l'impulsion donnée au flux monétaire par ses investis-

---

[28] Si les dettes d'Etat ont pour origine des investissements, ou même des allocations directes à la population, elles peuvent se résorber à terme grâce à la croissance qu'ils génèrent.

sements directs (grands travaux) et principalement par les salaires des fonctionnaires, qui est efficace puisque ces effets sont immédiats. Ce principe est celui du keynésianisme qui donne toute son importance à la dépense, cette énergie qui alimente et fait avancer l'activité générale. Malgré la règle constitutionnelle française et européenne qui consiste à établir au plus près l'équilibre de ses rentrées avec ses dépenses, l'Etat emprunte pour combler le « trou » éventuel de ce déficit, depuis le 3 janvier 1973[29] qui lui a interdit la fabrication monétaire. Auparavant, étant normalement à l'origine de la création monétaire, il pouvait insuffler des sommes considérables pour contribuer à donner des impulsions à la vitesse de circulation monétaire ou au moins compenser une éventuelle décélération. *Sa responsabilité dans ce cas est totale.* Cet effet, même s'il ne tient pas compte des ressources immédiates compensatrices, donc s'il accepte le déséquilibre budgétaire évoqué plus haut, est primordial[30]. Les rentrées, impôts et taxes[31], ne viennent qu'en complément, pour modérer l'importance des déficits, sachant que la plupart des prélèvements sont sortis de la circulation monétaire même, pour être ensuite réinjectés. Toutefois s'agissant de taxes, il peut freiner ou orienter certains achats de produits par augmentation du prix final[32]. Théoriquement, le déficit peut être considéré comme acceptable, puisque tou-

---

[29] Dite « loi Giscard-Pompidou » interdisant à l'Etat d'avoir recours à la Banque de France pour faire face à ses dépenses.
[30] Mais source d'inflation, il a été abandonné pour le plus grand bien des organismes prêteurs.
[31] Avec parfois un effet associé, celui de freiner les excès de dépenses nocives pour l'environnement.
[32] La « vignette », taxe qui a, pendant quelques années, freiné l'achat de voitures puissantes, soi-disant pour aider les « vieux » a été créée en 1956. Elle a été abandonnée en 2000.

jours financé[33] : servir la population en priorité a un coût social qui doit être supporté de façon égalitaire. Le faire au plus tôt permet d'activer la croissance. Prendre d'un côté le rendre de l'autre a un intérêt, ce mot prenant toute sa signification, qui est celui de la redistribution ciblée quand il s'agit d'allocations ou de remboursements de compensations à des dépenses de santé. Si cet argent est réinvesti dans des secteurs innovateurs, il accélère encore plus l'activité en question, et reçoit plus rapidement les effets de retraitement en sa faveur (multiplicateur budgétaire). L'Etat pouvant être lui-même producteur ou financier (prêteur) et re-distributeur, le retraitement de ses ressources a également un effet positif puisqu'il reçoit en retour des rentrées par les impôts. C'est pourquoi J.M Keynes a préconisé à F.D.Roosevelt de donner la priorité aux dépenses de l'Etat à la suite de la crise de 1929, période de décélération, sans se préoccuper des éventuels déficits. En préconisant par exemple des grands travaux[34]. Ce sont des investissements efficaces dans la mesure où, employant de la main d'œuvre, ils augmentent des revenus, d'où sortiront des impôts par la suite.

Les responsabilités dans le fonctionnement du système de circulation monétaire, à l'origine de l'activité humaine, sont ainsi clairement établies. Chacun des trois acteurs en F2, F3, B, (figure 1) a une responsabilité plus ou moins forte liée au rôle de l'argent qu'il lui fait subir : profiter de son passage dans leurs comptes, apporter de nouvelles richesses, tout en les entretenant, et relancer ces valeurs

---

[33] Devenu structurel, c'est-à -dire permanent, il finit par bloquer la croissance par la nécessité, constitutionnelle, si le gouvernement le décide, de le combler en le finançant par l'augmentation des prélèvements et non plus par la fabrication monétaire.
[34] Il n'a pas été suivi sur ce plan. C'est surtout le « New deal » qui a vu la séparation des banques de dépôt et celles du crédit qui a été efficace.

dans le système productif monétaire, sont susceptibles de maintenir ou accentuer sa vitesse de circulation. Et par là-même modifier la croissance.

L'ECONOMIE HUMAINE

L'Economie, celle d'une entreprise comme celle d'un pays, ne peut toutefois se résumer à la seule alliance, au seul chiffrage qui traduit la valeur de la production et son traitement par ces deux acteurs concernés. L'ensemble de ces actions systémiques appelle certes la production et son accroissement, mais elles ne donneraient qu'une vision incomplète de l'économie à partir de la seule interprétation de son chiffrage. Portant en partie sur le passé, elle n'explique pas totalement le présent, encore moins peut-elle prédire l'avenir, puisqu'on doit arrêter tout processus descriptif pour pouvoir interpréter les résultats. Or ce qui caractérise la vie économique, c'est justement le mouvement, celui du travail et du transport permanent des biens à échanger. L'étude de l'Economie dans cet ouvrage, sera donc bâtie à la fois sur son ***système d'informations,*** sur les valeurs qui la font fonctionner à l'origine, sur sa dynamique d'échanges, et sur le fait que c'est l'homme qui l'anime. C'est lui qui utilise cet argent qui, curieusement, ne décrit pas la réalité, - bien que, conventionnellement, on la considère comme telle, c'est le problème - mais une abstraction chiffrée qui la représente. Le travail qui est la réalité économique vécue, existait bien avant l'invention de la monnaie.

On a interrogé directement les sources des systèmes, pour connaitre les objectifs des acteurs qui ont déterminé le scénario, et connaitre ainsi leurs directives. Procédé inverse des économistes traditionnels qui analysent les résultats pour comprendre les décisions qui ont été prises à l'origine. Notre méthode d'analyse est donc, inductive, intuitive, et non déductive, comme font ces économistes orthodoxes. En partant des informations à la source[35], nous pouvons examiner « comment ça marche », comment fonctionne ce système d'information et pourquoi on a obtenu ces résultats. Que ce soient les individus qui agissent directement sur l'Economie[36] par leurs achats, ou les dirigeants responsables de la gestion de leur pays qui redirigent l'argent des mêmes individus, les choix des acteurs ne sont évidemment pas neutres. Ils orientent l'économie, d'où les flèches qui lui donnent *sens* – dans les deux sens du terme -, à la suite de décisions dont la validité ne peut être garantie à terme[37]. On obtient des images du système, des modèles qui peuvent permettre quelques corrections, à conditions de suivre les résultats en permanences.

L'ensemble de la société, formé d'individus consommateurs, est toujours manipulée par les 3 acteurs précédents. Ils orientent les comportements, parfois de façon inconsciente, tellement elle est habituelle, sur le long terme, c'est-à-dire culturelle. L'acheteur est tributaire de ses besoins, mais généralement n'étant plus producteur, il a perdu le pouvoir de diriger la production. Même les producteurs individuels, autoentrepreneurs, artisans, professions libérales, associations, etc. dans un monde libéral, où règne la concurrence, obéissent à la loi des plus forts, celle de l'offre plus que celle de la demande : ils suivent le courant général, ce que les distributeurs présentent, ce qui existe déjà plus ou moins transformé dans l'intérêt du producteur et à un prix proche que celui-ci a calculé.

---

[35] « Big data » en langage informatique
[36] D'où l'adage «acheter, ça fait marcher le commerce » qui décrit l'économie réelle avec le bon sens populaire.
[37] S'agit-il de profits accumulés ou distribués, d'investissements ?

Les aides de l'Etat sont accordées en priorité à l'entreprise, sachant qu'elle est officiellement pourvoyeuse d'emplois. D'où le chantage à l'emploi qui est l'arme souvent employée par les grandes entreprises pour obtenir ces aides. Le salarié qui est pourtant le producteur de base, est soumis en tant qu'acheteur, n'ayant d'autre arme de revendication que la grève. Où l'on voit que la technique financière qui consiste à éviter à tout prix l'inflation, freine certes les prix, mais en même temps la croissance, donc la production dans un cercle vicieux, difficile à rompre. Nous verrons plus en détail ce phénomène qui lie de façon malencontreuse les principaux acteurs du système monétaire, ce que l'Etat, a pourtant, le plus, les moyens de réguler.

En utilisant ainsi la méthode qui a cours en analyse informatique, rechercher les données d'origine et les forces qui les propulsent- suivre leur parcours jusqu'aux résultats - il sera possible de proposer des modèles économiques qui pourraient permettre ou obliger les principaux responsables de choisir le meilleur, en espérant que l'Etat veuille en influencer le cours. En théorie en faveur du progrès humain, celui des travailleurs, et de la population en général, ou seulement pour une frange de cette population, celle des classes supérieures et dans quelle proportion ?

Dans ces conditions il sera possible de modéliser ce fonctionnement grâce aux schémas qui reproduisent les processus de ces systèmes. Ce sont des modèles qui pourront donner à ceux qui nous gouvernent, s'il en était besoin, la méthode susceptible d'orienter l'évolution économico-politique de leur pays dans un sens plus ou moins favorable à la société toute entière, ou seulement à certaines classes sociales. Ils fourniront ainsi un éclairage nouveau, plus précis et plus probant à ceux qui sont gouvernés.

Adopter un de ces modèles pourrait faire avancer l'activité, avec un contrôle possible sur son fonctionnement, admettant que les 2 acteurs qui ont le plus d'influence, l'entreprise et la banque, acceptent d'être régulés par l'Etat et ses lois. Toutefois le processus engagé sur le moyen et long terme pour le développement général, peut dévier à cause des circonstances extérieures qui peuvent également influencer le cours du système, le progrès éventuel.

Encadré 1-De la prédiction en économie

Il est impossible de produire des modèles macroéconomiques prédictifs, sur le long terme, puisque l'efficacité d'un système n'est prouvée qu' « a postériori ». Les données statistiques économiques, en ne donnant sens qu'après fonctionnement, ne peuvent qu'avancer des probabilités sur la bonne fin poursuivie. Les modèles, quels que soient leurs structures, permettent des contrôles et rectifications éventuelles sur le court terme.

Les systèmes ont des objectifs censés suivre les directions prévues dans le programme original, mais sans préjuger les résultats qui restent influençables pendant cette évolution. Leurs conceptions étant circonstancielles, bien que bâties sur des expériences passées, les résultats matériels et intellectuels induits restent aléatoires.

En ne posant la question que sur le « comment » du fonctionnement des modèles proposés, on perçoit la responsabilité politique des dirigeants et responsables économiques. Leur logique apparait alors en toute clarté.

Dans un premier temps, l'Economie a été vue comme un système mécanique productif aléatoire qui utilise *la force* humaine, tirée elle-même de la nature pour satisfaire les premiers besoins existentiels évoqués plus haut. Or les besoins spirituels, aussi importants que les besoins matériels, sont infinis. Les produits correspondants à ces besoins seront donc toujours à inventer. Il faudra considérer l'Economie également sous cet aspect, bien que plus difficile à appréhender, car il s'agit de psychologie, celui du **comportement de tous les acteurs responsables décisionnels de l'activité humaine dans leur pays**. C'est pourquoi certains besoins spirituels ou physiques, à moins de consensus, resteront insatisfaits.

En effet, les néolibéraux, les théoriciens de la « pensée unique » considèrent que les prédations sociétales, dont le chômage de masse, la précarité et la pauvreté, souvent exacerbées par les crises, sont incontournables, naturellement inévitables, tant que ce système est libéral, mu uniquement par la satisfaction des besoins et désirs humains. Ils ne voient aucune alternative au système macroéconomique[38] tel qu'il existe dans les pays modernes. Ils ne voient qu'une seule version du système économico-politique institué dans nos démocraties occidentales pour répondre aux demandes de la population, oubliant qu'une seule partie de nos sociétés, de plus en plus diverses, en sera bénéficiaire. Ce système étant généré par la libre entreprise, il est vain de vouloir le réguler, disent-ils. Ce qui serait un frein à la croissance continue des marchés. Les inégalités qui en résultent seraient inévitables. Prédations peu visibles en période de croissance, il serait inutile et même nocif d'essayer de maîtriser les inconvénients suscités par la course aux libres profits. Pour eux le rééquilibrage entre les forces qui propulsent l'économie doit se faire tout seul, tôt ou tard, crises comprises. Pour eux seule compte l'émulation que donne l'entreprise à la re-

---

[38] Liberté d'entreprendre, dogmatisant la concurrence entre les entreprises.

cherche de performances. Emulation décuplée par la recherche du profit maximum. Parlant du chômage, certains économistes l'appellent cyniquement la variable d'ajustement ! C'est l'option des économistes orthodoxes qui veulent ignorer la partie humaine de l'Economie, contrairement aux économistes humanistes, sociaux-économistes hétérodoxes. Ces derniers n'oublient pas la part ancestrale humaine, toujours présente, bien que peu visible, dans la production[39].

La liberté de plus en plus grande mène à l'anarchie, dont les crises, de plus en plus importantes, sont les signes visibles par à-coups. Peu importe, disent toujours les inconditionnels de l'entreprise, libre avant tout, la régulation se fera automatiquement, tôt ou tard. Faisant abstraction du fait que plus la crise est étendue, plus l'Etat sera obligé d'intervenir. Ce qui est le cas depuis 2008, au détriment des populations.

L'autre façon de réguler l'Economie sera d'examiner le comportement de trois décideurs. L'Etat, en particulier, peut-il et doit-il intervenir ? Selon la réponse on accepte la théorie anglo-saxonne précédente, ou celle de J.M.Keynes qui lui, était favorable à l'intervention de l'Etat.

---

[39] Il y a donc une alternative à TINA, contrairement au dogme Thatchérien de la soumission aux chiffres comptables.

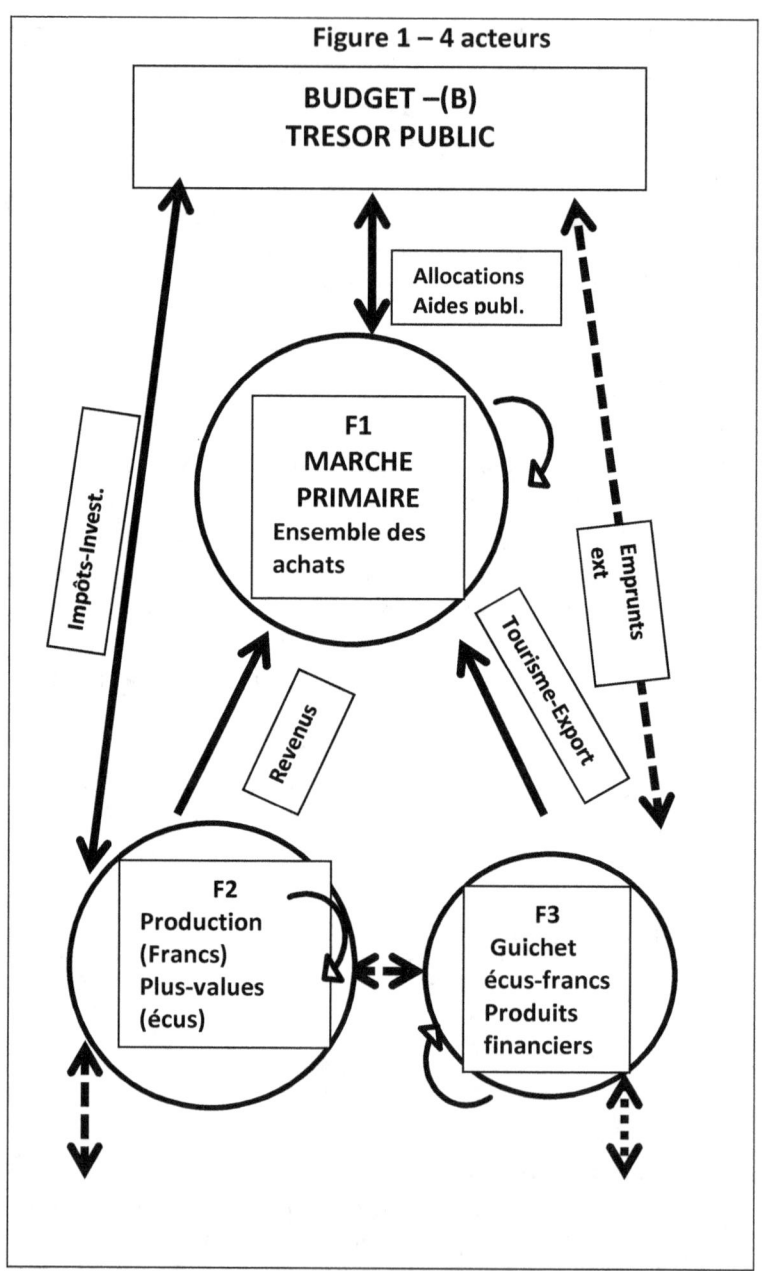

L'homme, grâce à son intelligence et à son imagination, est intervenu dans ce système environnemental en modifiant à son avantage l'organisation de ses forces. Les décisions, qui prolongent l'élan vital, font suite à des choix multiples sur la façon de gérer ces valeurs en société. Ce sont des choix politiques dirigés en permanence sur le court terme, parfois sur le long terme avec des résultats souvent mitigés. Les décisions sont prises par les quatre acteurs évoqués, chacun ayant ses propres objectifs, définissant leurs rôles selon leurs propres intérêts. Ils forment des catégories qui, recevant l'argent qui circule après échanges de biens sur les marchés, modifient ces valeurs dans un sens particulier, avant de les propager, en influençant ainsi le cours. L'Etat qui, habituellement est maître de la monnaie, peut donner le plus de force à la circulation monétaires, par ses propres dépenses d'investissement, et en répartissant ce qu'il reçoit des autres groupes. C'est le budget géré par l'exécutif, ministère par ministère, et par les institutions concernées.

La source des forces qui transforment tous ces biens reçus par ces acteurs, en biens ayant des caractéristiques nouvelles concourant à la satisfaction des besoins d'un pays, mais entrent souvent en conflits d'intérêts. C'est la satisfaction des besoins vitaux, évoqués plus haut, se nourrir, se protéger et communiquer, qui sont la base des systèmes de production. L'aspect primordial de l'activité économique qui en résulte, est à souligner : ces besoins sont de moins en moins matériels, car faits de *plaisir, de bonheur : **art, culture en général, et services,*** qui sont autant de besoins, spirituels et moraux, de plus en plus nécessaires dans un pays moderne dont le quotidien est devenu complexe, et qui, **achetés,** alimentent ce fameux « produit intérieur brut » (PIB), et « extérieur brut » (PEB), incluant la production destinée à l'export, s'agissant du tourisme « …de nombreuses études ont démontré l'effet multiplicateur de tout euro investi dans la culture [40] »

Ces chiffres servent de référence aux économistes. Certes, l'économie d'un Etat moderne se traduit par des chiffres, comme pour une entreprise, mais de façon imparfaite. Cela tient au rôle du système argent, qui fausse, comme on l'a vu, (chapitre « le système paradoxal de l'argent »), dès l'origine, les valeurs des produits à échanger. Chaque « traitement » subi par la monnaie a des répercussions sur les uns et les autres. Ils sont générés par des sous-systèmes créés par les intermédiaires. Certes les économistes parviennent par déduction à comprendre à partir des résultats, ce qui les a générés, mais l'analyse des sources, les données, est plus instructive, car les motivations sont complexes et généralement peu connues[41]. Analyser le processus dès sa création, qui fait quoi, pourquoi [42] ? À qui cela va-t-il servir ? est une méthode *inductive* utilisée en informatique. D'où l'expression de « traitement de l'information », qui sert de base de travail pour la partie humaine de l'Economie. Nous espérons pouvoir montrer de façon simple, quelles sont les choix, les impulsions humaines, qui permettraient de contrôler le processus qui en découle, pour le meilleur de la population. Lois, investissement, toutes les impulsions qui détermineront plus ou moins les résultats espérés.

Pour ceux à qui le mot d'économie pourrait faire reculer, nous allons montrer comment un pays moderne fonctionne. C'est-à-dire à partir des seules relations entre les

---

[40] Stéphane Lissner- Face au repli identitaire, osons l'art contre la peur- (Le Monde- 24 novembre 2014)
[41] La complexité vient des interconnexions des systèmes et sous-systèmes en cause.
[42] Par exemple, pourquoi freiner l'inflation ?

systèmes et sous-systèmes, à partir des seuls processus enclenchés, des seules intentions des responsables ayant le pouvoir de traiter ces systèmes destinés à obtenir les produits voulus. Revisiter le *monétarisme* sous cet angle devrait ouvrir une fenêtre pour les non-initiés sur un monde où l'explication ne se suffira pas de l'examen de leur engrenage qui le font fonctionner. Ce point de vue mécanique, toutefois, retient du système, sa logique de fonctionnement.

L'engrenage qui lie l'argent aux systèmes vitaux de l'activité de nos pays modernes, a été analysé par J.M Keynes dans son fameux livre « Théorie générale de l'emploi, de la monnaie et de l'intérêt » Il a analysé essentiellement ces trois aspects du fonctionnement de la macro-économie figurant dans le titre de son livre, avec une logique mathématique qui traduisait l'activité du monde [43] de son époque. Toutefois, il a pris certaines distances avec les conclusions de ses analyses en admettant l'influence de la psychologie sur les acteurs économiques, à savoir, celle des entreprises, celle de l'Etat et un peu celle de la finance[44]. S'il a relevé explicitement le rôle primordial de l'achat c'est restreint au salariat, en partie défendu alors par les syndicats. Alors que notre propos sera de l'étendre à tous les revenus quelle qu'en soit la source.

Bien qu'acteur principal dans le système monétaire, la possibilité de la population dans son ensemble de faire évoluer l'activité économique en sa faveur, reste faible. Elle dépend essentiellement du patronat et de la pression du syndicalisme dans un système libéral. J.M.Keynes a pour la première fois dans une théorie ma-

---

[43] La dynamique de « l'élan vital » est celle de l'argent.
[44] Notamment en dénonçant le rôle des « rentiers » vivant du seul rapport spéculatif de leurs placements.

croéconomique inclus l'Etat comme acteur possible et même souhaitable selon lui, dans le système monétaire d'un pays. Ce point de vue monétariste est repris dans cet ouvrage, mais en insistant sur les responsabilités particulières de l'Etat en tant que re-distributeur des richesses dues au travail. Sous réserve que la finance soit restée sous sa dépendance par l'intermédiaire d'une Banque centrale nationalisée, émettrice de monnaies.

Toutefois, si J.M. Keynes admet l'influence de la psychologie des acteurs en question, sans insister sur leurs effets, il n'a pas relevé explicitement le rôle de la population. Ce qui est presque normal étant donné l'irresponsabilité de cette dernière dans le système monétaire. Si le salariat dans un système libéral n'a que peu de possibilités d'exercer des pressions sur le système, l'Etat employeur peut augmenter le pouvoir d'achat de ses fonctionnaires. Il peut le faire également en tant que chef d'entreprises nationalisées. Il peut, décréter le niveau des taux d'intérêt[45]. Ces pressions, vues comme des investissements, concourent à la croissance, favorable donc à la population. Ce point de vue, de l'Etat responsable, est repris dans cet essai, en insistant sur son rôle dynamique, étant entendu que le système financier est resté sous sa dépendance.

Toute décision aboutissant à un acte d'achat dans la société libérale est intentionnel donc d'ordre psychologique. On retrouve cet aspect schématisé dans les figures 2 et 3 sous le nom de « confiance ». **Ce sont les bons résultats des investissements qui induisent la confiance dans**

---

[45] Dans l'U.E c'est la banque centrale européenne qui donne des « taux directeurs », ce que chaque membre est obligé de répercuter en interne.

l'avenir⁴⁶. Ce qui à son tour implique une certaine spéculation, ce terme étant pris dans son sens étymologique : regarder l'avenir⁴⁷. Mais sans grande prise de risques si ces résultats sont probants et permanents.

Il y a depuis l'industrialisation, deux genres de spéculation, celle qui s'investit dans le travail, et celle qui espère un rendement purement financier avec prise de risques. Il faudra donc distinguer deux fonctionnements monétaires, qui sont pris en compte par les décideurs qui ont le pouvoir de transformer l'argent et de le rediriger. Revisiter le monétarisme sous cet angle devrait ouvrir une fenêtre sur le monde capitaliste où l'interprétation donnée par les statistiques ne tient pas toujours compte des réactions entre les nombreux systèmes et sous-systèmes, à l'origine de ces résultats.

(Encadré 2)
L'Entropie, 1er principe de thermodynamique
L'expansion explosive de la formation de l'univers donne des multi-directions aux forces qui en résultent. Les particules élémentaires porteuses de ces forces, (des vecteurs), en explosant de façon aléatoire se sont amalgamées, et diversifiées pour aboutir aux formations de l'univers tel qu'on le connait actuellement, le chaud allant vers le froid, ce qui lui donne sens.
2 e principe de thermodynamique.
C'est le processus du traitement de l'information valable pour tout mouvement des systèmes y compris les systèmes vivants, qui va d'un état premier à un autre.
Ces forces en prolongeant ces mouvements ont créé la

---

[46] Autre exemple de cercle « vicieux » mais cette fois prometteur.

[47] Ce n'est qu'à grande échelle que ce terme prend une connotation péjorative. Particulièrement si « l'investissement » porte sur l'argent lui-même.

vie sur notre planète. De systèmes en systèmes, d'étape en étape, l'homme comme tout être vivant « brûle » les calories en utilisant ces forces en mouvement dans l'espace-temps à l'échelle de notre monde. Alléger les forces de travail et souffrances de l'homme au travail en produisant des biens matériels et immatériels, structurés par le système monétaire, est une nécessité vitale. Ces forces, qui permettent les échanges entre la nature et l'homme sont des valeurs qui seront suivies en dynamique pour leur donner *sens plus précis celui de la vie et de sa continuité.*

(Encadré 3) Lois expérimentales des systèmes
. *effets secondaires :*

usure : chaque mouvement subit *systématiquement* une perte partielle de force due au refroidissement universel de l'après « big bang ». Toute action destinée à obtenir un état différent d'un état initial grâce à la force calorique, ne transmet pas la totalité de sa valeur initiale. (Loi de Sadi Carnot). C'est en tenant compte de cet effet secondaire, résidu de la puissance primaire, que sera faite l'analyse de notre système économique. C'est ainsi que tout système, même vivant, s'épuise et doit toujours être réalimenté. Les « déchets » ou résidus caloriques non utilisés peuvent être réutilisés (recyclage) dans des sous-systèmes. Mais dans tous les cas, ils provoquent à nouveau des déchets. Devenant de plus en plus faibles les gains de temps et d'espace destinés à rendre efficace le système initial, sont de moins en moins sensibles.

. *effets de levier*

Un outil en augmentant la force initiale, grâce à un point d'appui, (gain d'espace) est un levier linéaire. Il peut déplacer un objet lourd avec une force relativement faible. On multiplie cette puissance si le mouvement est rotatif : gain de temps et d'espace pour un meilleur résultat grâce à un effet de retour plus rapide

> de la force employée. D'où l'invention de la roue et ses points d'appuis permanents.
>
> **Changements**
> Seul un point d'appui *extérieur* permet la réflexion d'une force. Le repérage d'un mouvement n'est possible qu'à partir d'un état initial ou final. Par définition, un mouvement ne s'arrête jamais pendant un processus, du moins tant qu'on lui applique une force.
>
> *On ne change pas un système de l'intérieur si rien n'a été conçu à l'avance à cet effet* (redirection). Les modèles déduits des systèmes permettent des contrôles et rectifications éventuels, mais après arrêt du processus.
>
> *Obstacles :* pendant la transition, le système peut rencontrer des obstacles imprévus venant du monde extérieur. Ils provoquent des dysfonctionnements qui peuvent être surmontés, mais toujours de « l'extérieur », chaque système, comme tout outil, étant neutre dans le processus.

L'Etat, ayant le plus de moyens re-distributifs, a habituellement la possibilité de corriger les errements des mouvements monétaires par le budget géré ministère par ministère, et grâce aux prélèvements, taxes et impôts. Nos dirigeants sont les premiers acteurs de développement car ils ont la responsabilité de produire et re-distribuer cet argent dans la population, par ses aides directes ou indirectes.

Le traitement permanent de chaque acteur sur la masse monétaire en mouvement, agit sur les valeurs des produits transportés. Ainsi chaque achat final, après transformations, transporte une valeur comportant une part de valeur travail, une part de valeur financière - retour sur investissements et intérêts bancaires - et une part de taxes et impôts prélevée par l'Etat, dont les proportions ont varié depuis quelques décennies dans le sens de la diminution relativement à la valeur travail[48].

LES MARCHES et les CAPITALISMES

Capitalisme productif

Le capitalisme productif est né essentiellement avec l'invention des moteurs au 18e siècle (Denis Papin). Outils qui ont permis la production rapide et en grande quantité de produits auparavant de façon artisanale. Ces nouveaux ateliers étaient toutefois cantonnés dans les milieux miniers pour être proches du charbon, énergie nécessaire aux premiers moteurs à vapeur. Mais au début du 19e siècle, les moteurs électriques, plus petits et plus faciles à alimenter et à implanter géographiquement, suivis par les moteurs à explosion pour le transport automobile, ont permis l'essor du capitalisme par cumul des richesses monétaires dues au gain de temps dans la production, quel qu'en était le lieu de fabrication[49]. Les machines à tisser ont été parmi les premières parties prenantes avec les conséquences désastreuses sur l'emploi artisanal de cette époque que l'on connait sous le nom de la révolte des canuts à Lyon. Les usines, se sont multipliées en Amérique du nord, et dans les trois pays européens, Allemagne, Gde Bretagne, France, essentiellement. Elles changeaient l'Economie grâce à leurs nouvelles ressources énergétiques. Avec la force de l'outil argent il a pu étendre le domaine d'échanges. Les marchés locaux se sont étendus. Ils sont devenus nationaux et internationaux. Ce qui explique l'existence des grandes entre-

---

[48] La masse salariale représente en France environ 60% de la masse monétaire générale.
[49] L'arrivée des tracteurs et machines agricoles aux U.S.A, ont joué un rôle important dans la crise de 1929.

prises et des multinationales par augmentation sur le long terme de ces puissances de production et d'extension de ces parts de marchés. .

La possibilité de les transmettre dans des environnements moins contraignants, de plus en plus lointains, permet de réinvestir les valeurs réalisées au fur et à mesure des transactions toujours plus éloignées dans le temps et dans l'espace. Le chiffrage monétaire, toujours conventionnel, donc garanti obligatoirement par la force publique, libérait cette production devenue de plus en plus intensive. Ceux qui étaient propriétaires des territoires, lieux de production, transmis par héritage, ou achetés depuis des siècles, ne se heurtaient qu'à la concurrence d'autres propriétaires-producteurs. L'exploitation du paysan et ouvrier en faveur du patron, a cette origine archaïque, transmise par l'argent depuis sa création jusqu'à notre époque. C'est toujours le même système. Le code du travail n'est là que pour atténuer les effets néfastes de ces liens de subordination.

Capitalisme financier.

Poussé par les différents intérêts qui animent ces acteurs industriels, le capitalisme financier cumulé a dépassé, depuis la fin de la deuxième guerre mondiale, les niveaux des valeurs de production. Tout outil est efficace, soit en raccourcissant le temps nécessaire pour transformer un produit issu d'un état en un autre état. Soit en en diminuant l'espace à parcourir. Souvent avec ces deux effets conjugués. Il en résulte généralement, un fort gain de valeur relativement au produit d'origine. Il en était ainsi de la charrue qui utilisait la force du bœuf et le soc, deux outils qui augmentaient le rendement des récoltes. Tout système exige pour au moins maintenir sa production, un apport permanent de la force qui l'anime. Toute force supplémentaire à cette force de maintien, augmentant les valeurs produites, peut ainsi les cumuler. C'est un réemploi de la valeur marginale produite (plus-value dit également bénéfice en langage comptable) qui peut ainsi maintenir ou augmenter en permanence la production, qui a son tour développe le capitalisme financier. L'impulsion que donne l'argent, sa puissance, car dépositaire passager de toute valeur, quand il *s'investit* dans le système productif, est vitale dans un processus gagnant-gagnant. Les différentes façons de traiter les informations-forces, c'est-à-dire de modifier le parcours et la vitesse des valeurs qui lui parviennent sont liées aux positions occupées par les responsables qui ont acquis ce droit dans la société. Ce parcours monétaire peut se comparer à une course de relais ayant quatre lieux d'échanges, comme on l'a vu avec les 4 acteurs de la figure 1. Depuis qu'il existe, l'élan vital pousse l'homme, à **progresser**, par son travail pour le meilleur et pour le pire. C'est le déterminisme de croissance lié à la nature[50]. Si à l'origine c'était son instinct de survie qui l'incitait à travailler, il a été depuis transformé par sa cupidité, grâce ou à cause de l'argent. De plus en plus de naissances, et de plus en plus de richesses produites pour des améliorations de nouveaux besoins à satisfaire : le modernisme est une incitation entretenue par les producteurs, régie par la condition humaine. ***C'est en quelque sorte un déviant du système vie en société.***

L'Economie est fille de l'activité humaine. L'Economie est la production vendue, prise dans le sens large, c'est-à-dire, tout ce qui s'achète. Comme il n'est plus

---

[50] Aspect darwinien de l'activité humaine. Mais limité en temps qu'espèce jusqu'à un certain équilibre.

possible de se passer de cette monnaie qui depuis des siècles parcourt le monde, il faudrait la contrôler (chapitre « Renverser la table »), comme tout outil manié par l'homme.

Le Capitalisme financier est un avatar du capitalisme productif et de la circulation monétaire. Un effet secondaire du système qui n'apparait pas à ses débuts car il n'est significatif que par cumul, et donne à la force centrifuge distributive de la circulation monétaire, (figure 2) de plus en plus de puissance. Richesses mal distribuée parce que retraitée par trois des acteurs, chacun pour lui-même. Ce capitalisme n'est apparu qu'à partir d'un certain niveau de richesse détenue par les patrons des usines dès le début de l'industrialisation. C'est l'importance des masses monétaires qui ont créé le capitalisme financier.

Les banques se sont introduites dans le système monétaire, essentiellement au 18 e siècle. En particulier au moment de la création des Bourses, au 19 e siècle, qui rassemblaient les investisseurs-spéculateurs pour les grands projets de développements industriels. Là se situe le temple de la spéculation, qui devient prédatrice selon les objectifs du réemploi des gains qu'elle produit. Par exemple, lors d'OPA (Offre publique d'achats) qui permet d'augmenter la taille des entreprises, avec restructurations et absorption souvent préjudiciables à une partie des employés devenus surplus. On bascule ainsi les surplus financiers en surplus de main d'œuvre. Ce qui explique le chômage structurel. A moins que des investissements supplémentaires viennent réutiliser les plus-values dans un cycle propice aux yeux des décideurs. C'est-à-dire dans un climat de confiance et d'innovations.

Les banques qui contrôlent la circulation monétaire en ont **profité** pour utiliser une partie des flux qui passaient dans leurs comptes, en prêtant de l'argent à court terme, dans un premier temps, pour des biens semi-durables, ou durables, trop chers pour ceux dont les revenus restent insuffisants pour un achat comptant[51]. Il faut noter que les prêts aux particuliers se sont généralisés seulement après la dernière guerre. Et ce n'est pas un hasard que la France est entrée dans ces fameuses « Trente glorieuses ». Les petits entrepreneurs qui s'installent, font des investissements spéculatifs[52] empruntés après étude de leur dossier, s'ils sont dans une ligne prometteuse et si leur « retour sur investissement » est rapide. Le système économique en période de croissance accentuait la vitesse de circulation des masses monétaires, elles-mêmes en progression, car alimentées par le remboursement des suppléments apportés par les intérêts. Le capitalisme financier génère des effets secondaires dus à son propre développement : les marchés produisent donc de la richesse qui augmente les marchés qui augmente les richesses dans un cycle permanent. Il peut augmenter ainsi la richesse générale, en augmentant les échanges (achats) sur les marchés. Mais souvent mal distribuée car cantonnée avant tout au domaine financier[53], autrement dit capitaliste.

*D'où la nécessité de maintenir ou augmenter **corrélativement** le pouvoir d'achat faible et moyen, comme force économique principale directe susceptible d'équilibrer et réguler le système. Les inégalités sont reconnues comme étant à la base des difficultés économiques d'un pays. La*

---

[51] Dans les années 50 le crédit pour une voiture ne dépassait pas 1 an. Dans les années 60 il était au maximum de 10 ans pour l'immobilier.
[52] Ce terme pris dans son sens étymologique de « voir devant », prévoir un avantage futur.
[53] On considérera les salaires comme une forme d'investissements, et non comme des frais, des pertes de valeurs, aux yeux du patronat.

relance par le pouvoir d'achat est la plus efficace. A condition de ne pas se préoccuper outre mesure de l'inflation des prix, liées à l'activité en progrès, comme on va le voir (ch. Comment renverser la table*).*

Surpuissance de l'argent et effet de levier

On sait que la monnaie circule en circuit presque fermé, dans le sens opposé aux produits fournis. L'acheteur les reçoit mais il donne l'argent au distributeur, qui le lui a transmis, et le retransmet au producteur initial. Ce système en boucle, celui de l'allégorie du cycliste, qui permet de transporter tout produit, matériel ou non, dans le système marché, est circulaire puisque c'est la même somme globale, la masse monétaire qui passe d'un compte à l'autre, du vendeur à l'acheteur : ce qui est acheté appelle une nouvelle demande qui, est un appel permanent aux achats suivants. Chaque mouvement augmente la vitesse ou le volume de la circulation monétaire à chaque transit, grâce aux plus-values de différentes origines, avec un effet boule de neige. L'effet de levier est redynamisé par ce type de mouvement parce qu'il agit sur un système circulaire. La force de l'argent, qui est multipliée par la rotation, retourne, amplifiée par la nouvelle valeur des biens en transit, vers le producteur qui va poursuivre ou augmenter sa production selon l'importance des achats.

Certes, la puissance de l'argent existait du temps où il était représenté matériellement autrement que par des chiffres symboliques sur des billets et dans les rares comptes bancaires. Mais la richesse produite n'augmentait que progressivement, à une échelle réduite par le temps de transaction et le transport lent et difficile de sommes d'argent métalliques importantes qui lui étaient rattachées. Si l'on transpose ce système dans le domaine physicogéométrique, la force « centrifuge », due à la rotation des forces d'achat en mouvements circulaires comme dans tout phénomène de ce type, va avoir tendance à dévier ces valeurs vers l'extérieur.

L'équilibre en partie rompu entre les pressions de la force centripète et celle de la force centrifuge, symboliquement, la paroi du système circulaire des échanges des produits pouvant alors être considérée comme poreuse, une partie des valeurs s'échappent vers les banques et leurs filiales, même hors frontières ou l'argent est gardé pour, le plus souvent, être réinvesti et resservir à la spéculation. Une partie est aussi détournée vers les actionnaires et propriétaires des entreprises qui le font fructifier sur les marchés financiers. Enfin une dernière partie, est détournée par l'Etat, avec ses lois, pour être répartie en aides diverses et investie pour les infrastructures nécessaires à son fonctionnement, et, enfin pour son propre fonctionnement.

Chaque valeur monétarisée qui n'est pas détournée, de cette façon, recommence le parcours dans un cycle permanent. Celui-ci sera plus ou moins lent ou, au contraire plus rapide, si de nombreuses entreprises intermédiaires se sont infiltrées pour augmenter les plus-values. La valeur nominale finale du produit sera augmentée au moins des plus-values prises par chaque entreprise. Ces *sous-traitants* (*traitements de l'information*), font monter les prix. Bien entendu ce n'est vrai que dans notre système libéral agissant sous la dictature de l'offre et de la demande. Mais chaque traitement, entreprise par entreprise entre en concurrence avec d'autres producteurs pour répondre à la demande d'une catégorie de produits. C'est le résultat final de l'ensemble des traitements des entreprises qui sera pris en compte. Le PIB le chiffre, avec une certaine exactitude, si l'on tient compte de la production réellement vendue[54]. Cette redistribution, peut être en augmentation régulière sur le long terme.

L'accélération peut provenir de l'offre, par exemple quand les informations sur la qualité, le prix, la réputation, les perfectionnements transmis souvent par la publicité incitent à l'achat (figure 2). Ce sont ces effets psychologiques, connues par les économistes sous le nom de « stratégie de l'offre », qui entrent en ligne de compte pour propulser l'argent comme force complémentaire à celle de la demande traditionnelle de première nécessité. On explique ainsi la volonté des différents acteurs qui appuient les décisions de passages à l'acte d'achat. La dépense globalisée, permet ou non *l'adhérence transposée psychologiquement par la « **confiance** », qui régit le mouvement circulaire monétaire de l'ensemble des échanges sur les marchés et celui du système productif*[55]. Ils dépendent de cette double décision. L'entraînement de l'ensemble, accélérant, ou la diminuant[56] la vitesse de rotation dépendent de cette confiance. Cette volonté s'appuie sur les résultats des traitements des acteurs. Chaque acte d'achat est en quelque sorte à la fois une acquisition dans le présent et un

---

[54] Le chiffre de la production officielle et de la production souterraine donnerait des chiffres exacts de la masse monétaire circulante. La monétique généralisée permettrait d'éliminer le trafic souterrain, drogue, travail au noir, blanchiments d'argent et autres circulation de monnaie officieuse. La possibilité récente de payer rapidement, par contact, avec carte bancaire en dessous de 20 euros va dans une direction, qui si elle était généralisée, permettrait d'éliminer cet argent prédateur.
[55] Voir également la figure 3 : transfert sur la force « rectiligne » de production, de l'effet du mouvement « circulaire » monétaire.
[56] La diminution étant par exemple, celle de l'austérité imposée à la Grèce.

investissement « spéculatif », c'est-à-dire une propulsion vers un résultat plus ou moins probable, seulement consolidé à terme. La confiance des 4 acteurs explique alors leurs comportements qui, pour être efficace, doivent être cohérents.

La confiance ne se décrète pas, elle s'inspire à partir de résultats concrets permanents. On explique le parcours des entreprises qui grossissent jusqu'à devenir multinationales par le simple apport de l'augmentation de leur puissance de production, elle-même due à la confiance des acheteurs dans les produits et dans leur pérennité. Elle permet d'anticiper et d'investir dans une nouvelle production. ***C'est en définitive, la valeur attribuée, en toute confiance sur le long terme à un outil qui fait fonctionner le système, qui lui donne sa puissance et parfois sa surpuissance.***

Encadré N° 3
De la logique en économie

Après avoir pris connaissance des *informations* sur l'inefficacité de son travail, fournie par ses *sens*, le singe qui a pris une pierre trop petite pour casser une noix de coco, modifie son « système-outil » en prenant une pierre plus grosse. Après avoir réfléchi les forces physiques thermiques qui lui viennent de l'extérieur, il a ***réfléchi*** mentalement à leurs utilisations grâce à la perception de ses sens. La réflexion d'origine physique est devenue cérébrale. Elle brûle également des calories.

L'homme, comme tout animal, se rend

compte de façon expérimentale de l'efficacité de ses actions à l'aide de ses sens. Il peut l'augmenter en rectifiant ou en choisissant un meilleur outil. Après essais-erreurs, qui sont autant de *réflexions*, il peut vaincre des obstacles. Il *Invente* des outils pour se nourrir et *réfléchit* au *meilleur moyen* d'augmenter les résultats de son travail avec les forces physiques et mentales dont il dispose. Grâce à l'invention permanente de nouveaux outils, l'homme a ainsi augmenté, *volontairement*, depuis des millions d'années, ses possibilités d'adaptation et d'amélioration existentielle en même temps que son niveau de compréhension. Il peut distinguer, apprécier, comparer les valeurs à produire, matérielles et spirituelles qui l'intéressent pour **progresser** dans le sens qu'il a choisi. L'Economie, qui traduit cette activité, est mécanisée par le travail, et suit la logique du progrès de sa condition humaine.

Cet aspect logique est fondamental dans le *traitement des informations,* valeurs à transmettre dans les réseaux du système économique conditionnant les interventions des 4 acteurs de la figure 1. Comportement déterminé par le niveau de **confiance** avant la prise de risques des *investissements* - recherche du meilleur rendement pour le producteur et de l'appréciation suffisante de la valeur des produits pour l'acheteur. (figure 2). La spéculation prend ici son sens premier de recherche d'un futur, espéré meilleur.

L'argent par sa seule circulation après interventions diverses, a acquis une puissance intrinsèque qui permet l'augmentation permanente des biens, matériels[57] et spirituels, par autoreproduction monétaire qui cumule les richesses.

Les entreprises se développent plus rapidement si les plus-values sont réintégrées en interne comme force supplémentaire (autofinancement). Les produits peuvent alors être vendus en plus grande quantité. L'objectif étant un gain de rendement. Les plus-values peuvent être également dues à une meilleure organisation interne[58], à des gains de productivité due à un meilleur rendement productif horaire des salariés. Le produit lui-même a peut-être subi des transformations économisant les coûts de fabrication, qui permettent une augmentation des marges de l'entreprise disponible pour un autofinancement. Ce nouveau surplus, qui est décidé par le producteur, n'est alors plus lié à la valeur du travail primaire, mais à la valeur purement financière de l'argent économisé qui s'autoalimente en même temps que les valeurs marchandes échangées.

---

[57] Sous réserve de ressources suffisantes, et de contrôle de ses effets secondaires, les déchets, s'il s'agit de certains biens matériels.
[58] En particulier grâce à l'automatisme dus aux ordinateurs.

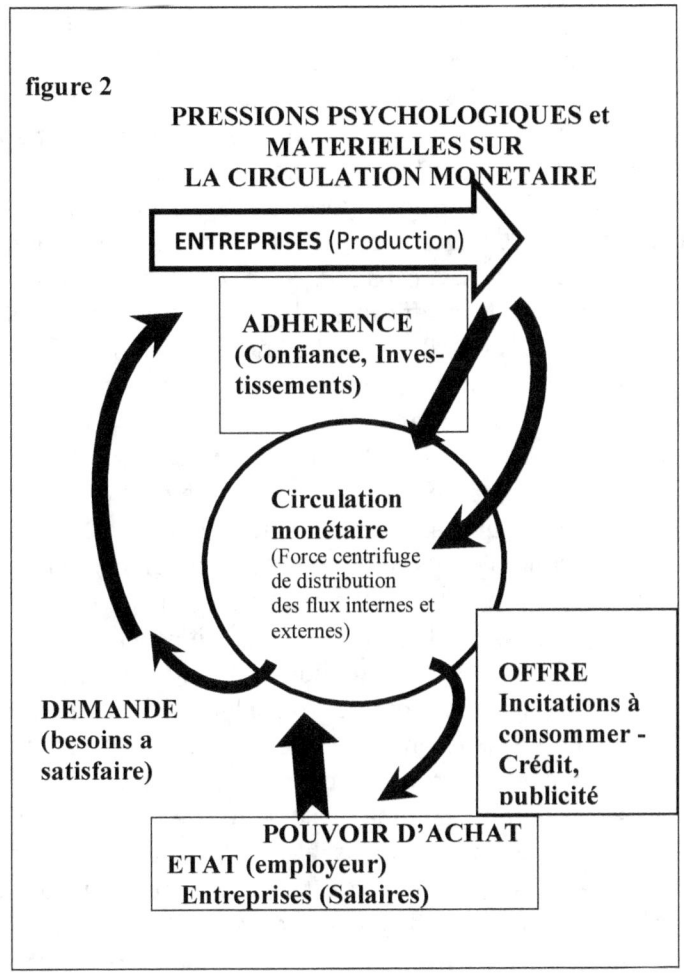

Effets psychologiques sur la circulation monétaire

    Les crises de sous ou surproduction surviennent lors d'un déséquilibre entre le niveau de réciprocité de ***confiance*** entre la population des acheteurs et celui des producteurs. Elle dépend des facteurs psychologiques qui proviennent de la satisfaction des acheteurs, selon la réponse à leur demande de qualité et de quantité de la production fournie sur le moyen et long terme. Le prix des produits n'étant plus alors le seul critère pris en compte. La figure 2 fait état de cette confiance en la présentant sous forme d'adhérence, s'agissant de forces liées, traduisant ainsi concrétisé, le sens figuré, psychologique, qui vient d'être évoqué. Elle accompagne en permanence la monnaie dans tous ses états. A cause de cette valeur psychologique, si l'adhésion est insuffisante, il y a glissements dans le mouvement productif circulaire entre les forces mécaniques et les impulsions décisionnelles de dépenses, qui provoquent les crises de production (chapitre « Et l'emploi ? »). Grâce à cette représentation du système économique on démontre que l'Economie est un ensemble qui mixte ces deux aspects physique et psychologique de l'activité économique, réunis sous l'expression commune de système d'informations en mouvement. En particulier on voit comment réagit le système productif lié à l'homme par le travail (figure 3) : la circulation monétaire est celle qui, à la base, est produite par le travailleur, ce qu'on oublie généralement quand on considère, aveuglé par le sens que donne le pouvoir patronal à l'embauche, qui dogmatise une soi-disant *création* d'emploi, alors qu'elle n'est qu'un intermédiaire devenu indispensable dans ce système productif. Simple conséquence du droit de propriété du travail, qui a lié depuis la féodalité, les acteurs de l'ensemble « demande-incitation », dans un sens favorable au propriétaire-producteur. Abus de langage dont elle imprègne les sociétés de plus en plus. Les acteurs de la production ayant autant besoin les uns des autres, on ne pourrait parler de création que celle de d'argent, par l'Etat ou la Finance. Certes créer une entreprise s'accompagne d'embauches. C'est le système intermédiaire imaginé par l'homme sociétal pour augmenter le rendement du travail. Mais il se glisser entre le travailleur-producteur et le consommateur, ce qui est une déviation du système quand l'argent se détache des biens produits par les auteurs.

Les possibilités de satisfaire la demande resteront toujours aléatoires car définies par la volonté de la masse des acheteurs, laquelle est dépendante de leur pouvoir d'achat actuel mais surtout futur, donc toujours de la confiance, accentué par le crédit. Cet aspect psychologique du comportement des populations, (figure 2 et encadré 2), est **l'élément incontournable de l'économie.**

L'activité d'un pays varie et peut ralentir, sans toutefois disparaître, car elle ne peut pas dépérir totalement tant qu'il y a des hommes qui y vivent. On a vu qu'investir c'est spéculer, c'est-à-dire espérer un retour supplémentaire de valeur grâce à l'effet de levier de l'argent. Il y a un risque permanent que cet effet soit inopérant par absence de plus-values suffisantes dues à un mauvais ciblage. Ou la présence d'obstacles imprévus sur les chemins des systèmes en action. Ou encore le manque de moyens des acheteurs.

Le risque est lié à l'importance des sommes investies en rapport avec les moyens dont dispose l'acheteur. Là aussi la *confiance* permet d'assurer une forte probabilité de résultats conformes aux prévisions et à l'expérience : elle permet la décision la moins périlleuse. Cet aspect volontariste, psychologique, influence l'Economie en général. Tout va dépendre du climat général, plus ou moins propice.

L'acte d'achat, comme la production, peut être considéré comme spéculatif car risqué[59] : tant que l'acheteur

---

[59] Illustré par La Fontaine dans « Perrette et son pot au lait »

n'a pas pris possession du bien, il ne peut en apprécier totalement la valeur. Même à petite échelle, le prix ne suffit pas à connaître la qualité d'un produit, la satisfaction dépendant d'une évaluation subjective

Bien utilisé l'argent rapporte un supplément de liquidités qui peut se répercuter de systèmes en systèmes liés, avec' une réaction en chaîne qui développe l'activité. S'il permet une certaine redistribution sous forme de salaires ou d'allocations sociétales, si cette redistribution est intégralement dépensée, la production peut augmenter et développer l'Economie à tous niveaux[60]. Le développement d'un pays est aussi tributaire de l'Etat dit « providence » pourtant souvent décrié. La décision politique a une origine psycho-économique qui va dans le sens du progrès de la condition humaine, comme l'ont voulu ceux du Conseil national de la Résistance (CNR 1.945).

En France, la disparition des octrois[61] comme frontières commerciale entre campagnes et villes, a enclenché un besoin de masse monétaire de plus en plus importante, pour alimenter les marchés libérés. Dans ces conditions la quantité de fabrication monétaire métallique, ne pouvait suivre que difficilement les besoins des échanges sur des marchés en expansion. Les billets représentant les mêmes valeurs chiffrées mais plus légers devenait de plus en plus un substitut. Cette expansion est d'autant intéressante pour

---

[60] Il faut toutefois exclure les dépenses d'origine secondaire du système, c'est-à-dire l'usure intrinsèque de l'argent qui circule, qui ne serait pas compensée par un réajustement de valeur des biens qu'il représente. Par exemple l'obsolescence et la destruction d'armements.
[61] Douanes à l'entrée des villes importantes. Disparues une peu avant 1939. Restent les « Portes » et l'octroi central, monument historique, érigé sur la place Stalingrad, Paris 19e

l'économie qu'elle va vers le progrès, mais globalisé, c'est-à-dire entraînant le bien et le mal. Toujours pour faciliter la vitesse de la circulation monétaire, l'argent devient de plus en plus scriptural, augurant la disparition totale des espèces et son remplacement à terme, par un système monétaire entièrement informatisé pour tous les achats[62]. Ce système de forces circulaires a la puissance extraordinaire de transmettre l'énergie *disponible* sur notre planète et d'obtenir ainsi des produits en grande quantité, utiles ou non à notre vie en société. Ce « progressisme » matériel[63] conduit au superflu pour certaines catégories de la population. Ce qui lui est reproché depuis les excès de consommation de produits inutiles. La thèse du « ruissellement » ne peut se soutenir[64] parce qu'une partie de la masse monétaire n'est jamais entièrement redistribuée.

La production ne se maintient ou n'augmente que si la demande de biens est elle-même entretenue par une démographie au moins constante, et si le marché est suffisamment alimenté en monnaie disponible par la masse des acheteurs. On a ainsi l'explication de la disparition relative de la valeur travail : dès qu'il y a échanges monétarisés, il ne sert plus en tant que tel qu'à gonfler une bulle financière, de plus en plus grossie par l'entraînement cyclique. Comparée à sa valeur unitaire de départ, ce que Marx a appelé la valeur d'usage, elle est devenue minime par rapport à la richesse accumulée. Ce qui indique que le travail dont provient le bien produit à la source, est spolié deux fois dès

---

[62] La monétique universelle sera probablement instaurée à terme.
[63] Matérialisme historique, qui ne tient pas compte des progrès dans le domaine des services, dont la protection sanitaire.
[64] Théorie libérale qui estimait que l'argent que dépensaient des riches, finissait par parvenir aux pauvres, dans une économie fermée. Ce qui ne tenait pas compte de l'épargne.

qu'il est marchandisé. Par la plus-value produite par le « surtravail », dénoncé par par Marx, et, c'est un des points essentiels de cet ouvrage, **par l'argent lui-même**, celui de la finance, dénoncé par J.M Keynes par la suite.

L'acte d'achat d'un produit, crée une dynamique qui ne peut être prise en compte, pour établir de bonnes relations entre l'emploi et la finance, que par la loi : les salariés, pourtant premiers animateurs de l'Economie, n'étant ni producteurs, ni marchands, ni financiers n'ont pas de prise *directe* sur son fonctionnement. C'est pourquoi le keynésianisme maintient la nécessité pour l'Etat d'intervenir, pour contrôler les masses monétaires, celle du salariat au mieux, et celle de la finance[65]. La redistribution harmonieuse des richesses n'est rendue possible que si ces deux masses de monnaies tout en fonctionnant séparément, le font de façon équilibrée. Sous entendant, les intérêts de chacun ne doivent pas prélever de plus-values de façon excessive, au détriment des autres, lors du passage des flux dans leurs comptes. La spéculation capitaliste qui veut ignorer cette dépendance peut être prédatrice aussi bien pour son auteur – risque de perte lors d'une crise financière - que pour autrui. Elle prend alors un sens péjoratif qu'elle pourrait ne pas avoir si, selon son sens original, elle s'appliquait au progrès bien tempéré.

Par exemple, les taux d'intérêt font l'objet de beaucoup de circonspection de la part des financiers, puisque qu'ils soutiennent, avec leurs prêts, plus ou moins risqués, le pouvoir d'achat comptant insuffisant d'une partie de la

---

[65] Les trois intervenants dans ce système forment trois systèmes liés comme trois fils appelés nœud gordien. Impossible à résoudre, donc à harmoniser, si l'on n'agit que sur un seul fil on ressert les deux autres. Le trancher est la solution.

population. Mais des pressions excessives, recherche du maximum d'intérêt de leur part - la cupidité a dit Joseph Stieglitz[66] dans un livre qui lui est entièrement consacré - sont fréquentes, avec ce que cela suppose de risque d'éclatement, aboutissant à des baisses de liquidités dans le réseau de « tuyauterie » dans laquelle les liquidités circulent. D'où le filtrage nécessaire à tous niveaux, externe et interne, pour surveiller le cumul, considéré comme acceptable, en instaurant une monnaie interne spécifique à la finance, par exemple l'Ecu pour la France (Chapitre « Comment renverser la table : « deuxième mesure »). Où l'on voit que parmi les quatre acteurs qui font « marcher » l'Economie, seul le Financier ne redistribue rien des plus-values qu'il perçoit[67]. Dans ce cas, l'Etat pourrait intervenir en bloquant en partie les liquidités financières, en excès pour éviter l'éclatement dû à un gonflement excessif d'une masse monétaire dans un « tuyau » du réseau. Ce qui a été le cas lors de la crise des « subprimes » en 2008.

Malgré les aléas décrits, la croissance restera la seule source de richesses, qu'il suffirait de bien partager pour que l'emploi nécessaire à la production, qui, insistons sur cet aspect relativement récent de l'Economie d'un pays avancé, est de plus en plus axée sur des biens immatériels. Pour le plein emploi que l'on rencontre quelquefois dans l'histoire des nations, il faudra un rythme de croissance en augmentation permanente d'environ 4% selon des économistes progressistes (figure 3)[68].

---

[66] Le triomphe de la cupidité (LLL)
[67] Sauf pour ses employés, mais les sommes sont dérisoires en rapport à celles qui sont maniées dans la circulation monétaire.
[68] Il était de 5 % par an pendant les « trente glorieuses » en France, dans les années 65 à 75. Le chômage inexistant.

FINANCE : OMBRES DU SYSTEME LIBERAL

> …et combien doit augmenter l'inégalité naturelle dans l'espèce humaine par l'inégalité d'institution.
>
> *Jean-Jacques Rousseau (Discours sur l'origine et les fondements de l'inégalité parmi les hommes)*

Le trompe-l'œil des Inflations et leurs compensations

Plus le volume de la masse monétaire en circulation augmente, plus la valeur unitaire de l'argent baisse. En effet, pour acheter la même valeur intrinsèque globale des biens en circulation qui viennent de prendre une valeur nominale correspondante importante, il faudra davantage d'unités monétaires pour évaluer la production globale. Ce qui revient à dire que l'argent a baissé de valeur unitaire. La valeur codifiée, de chaque billet, de chaque pièce, répercutera, ce changement de valeur, tôt ou tard par un rattrapage sur les prix, pour continuer à représenter la valeur des biens. Si la quantité de biens produite augmente, sans gains significatif de productivité, parce qu'il y a augmentation d'acheteurs, le producteur devra engager plus de personnels, augmentera donc ses frais, et proportionnellement les prix augmenteront au moins de ces nouvelles dépenses. Ils suivront donc, même légèrement, le cycle monétaire global, si tous les producteurs ont la même nécessité de satisfaire une demande accrue. Il s'agit de répartir un gâteau en plus de parts pour chaque convive, - quand il augmente de volume -, pour que chacun en reçoive le même poids. Si le volume a augmenté de 10%, là où il fallait 100 euros, il faudra, par exemple payer 110 euros pour acheter le même bien qu'auparavant. Et pour compenser la perte de valeur monétaire induite en permanence, la masse monétaire augmentera d'autant. On en déduit que cette baisse de valeur nominale va être **compensée** par les autres acteurs : l'Etat, et surtout la Banque prêteuse qui, devrait augmenter alors ses taux d'intérêts. Ce qui devrait freiner, dans une certaine mesure, l'augmentation du volume de la monnaie en circulation.

Compensation de la finance
Les prêteurs sont les plus concernés par la perte de valeur nominale monétaire parce que l'argent est prêté souvent sur le moyen et long terme. Ils ignorent de combien sera leur perte réelle au moment des remboursements. Par sécurité, pour anticiper ces pertes de valeurs, les banques, habituellement maîtres des taux d'intérêt, en tiendront compte, en augmentant d'autant ces niveaux. D'où l'inflation, due, dans les deux cas à l'augmentation de la masse monétaire, préjudiciable d'abord aux prêteurs (chapitre « Mystification de l'inflation et leurs compensations »). Ce qui explique la pression permanente du lobby de la finance, qui évite le plus possible la croissance qui élèverait le niveau des taux d'intérêts, pour compenser les pertes de pouvoir d'achat de l'inflation. Mais la compensation par augmentation des taux d'intérêt est délicate : trop élevée ils réduisent la demande des nouveaux emprunteurs. Un indice supérieur de précaution sera probablement pris, sans

toutefois être trop élevé pour ne pas dépasser le niveau moyen des possibilités de remboursement de ces emprunteurs. D'où le dilemme pour les banques de laisser courir l'inflation, sans trop diminuer les flux monétaires, ou perdre de l'argent, en compensant, mais pas suffisamment.

Cet objectif de freinage a été adoptée par les traités européens, depuis le traité de Maastricht, la BCE ayant pour objectif la baisse de l'inflation a priori par le contrôle des taux d'intérêt. Il fallait éviter d'augmenter le volume de la masse monétaire, avec le risque d'un effet multiplicateur[69], très rapide. Les banques prennent des précautions contre les défauts de remboursements[70] que des taux trop élevés peuvent entraîner, en prenant des hypothèques sur les biens. Des facilités de prêts à la consommation vont peut-être compenser la baisse du pouvoir d'achat nominal salarial. En visant en particulier l'augmentation salariale, source d'inflation « normale », le lobby des banques va faire pression sur les dirigeants et le patronat pour éviter les compensations de ce type[71]. D'où la tendance des prêteurs à vouloir limiter les interventions des autres acteurs qui pourraient accentuer l'augmentation monétaire.

---

[69] D'où le risque d'entrer dans une forme exponentielle encore plus difficile à contrôler. Pente dangereuse pour notre « cycliste » si ses freins on lâchés. Cas d'Ecole de l'Allemagne des années 30.
[70] Toutefois, comme pour la crise des « subprimes », l'assurance pour défauts a été insuffisante, les sommes dues cumulées ont été trop importantes. D'où le « crash » bancaire de 2008.
[71] C'est le rôle attribué à la BCE par les traités européens depuis celui de Maastricht en 1992.

Compensation par l'Entreprise
L'autre traitement est celui de l'Entreprise qui peut augmenter la masse monétaire de deux façons :

- si les prix de matières premières entrant dans la fabrication du produit, ou les frais généraux augmentent, alors le prix à la production augmente, sans que le nombre des biens augmente. Il s'agit alors de répercuter cette augmentation pour maintenir la marge en valeur absolue. Si cette valeur est faible en regard du prix final, l'augmentation restera faible. En particulier pour rester concurrentiel. L'influence sur la masse totale restera faible et sera peu inflationniste.

Prenons en exemple ce qui est survenu dans les années 1974 à la suite de la crise pétrolière. Pour des raisons diverses, le prix du pétrole, a brusquement augmenté. C'est une énergie de base indispensable à beaucoup de productions matérielles. A la suite de quoi, les producteurs concernés ont dû augmenter leur prix de la différence du nouveau coût du pétrole brut. Normalement en incorporant cette valeur dans le calcul du prix de vente du produit, elle ne devrait pas beaucoup varier étant entendu que les autres frais habituels tels que le raffinage et le transport, s'agissant de l'essence, sont proportionnellement plus importants. Toutefois pour les actionnaires, le bénéfice habituel si le prix final n'était augmenté que de cette valeur absolue, ferait baisser le *niveau* du rendement du capital. Il sera donc automatiquement répercuté sur le prix final d'une valeur légèrement supérieure à la simple incorporation de la différence, en valeur absolue, de cette valeur initiale. Pour les acheteurs suivants, intermédiaires divers, jusqu'au distributeur final ce sont les augmentations en pourcentage qui seront prises en compte. Ce coefficient sera intégré successivement dans le calcul habituel de prix de vente selon les paliers correspondants à tous les intermédiaires entre la production et la vente finale. La valeur ajoutée sera ainsi intégrée et augmentée en cascades en incorporant ce coefficient. Effet multiplicateur en tant que tel, de l'argent circulant. Le produit fini, subira en plus une taxe également établie sur la dernière valeur ajoutée. Plus il y aura d'intermédiaires dans une fabrication, plus la valeur absolue, le coût supplémentaire payé au départ par le producteur, sera multiplié par ces coefficients, avec effets inflationnistes sur la masse monétaire qu'une partie de la population ne pourra pas toujours compenser en faisant des économies sur d'autres produits.

A noter que système européen ayant adopté la TVA, d'un niveau allant jusqu'à 25 %, toute augmentation de base sera répercutée de façon exponentielle[72]. Contrairement au système américain qui taxe les entreprises sur leur chiffre d'affaires. Avec moins d'intermédiaires, ce système leur rend la vie moins chère. En Europe, le gonflement du flux monétaire va engendrer une baisse de valeur de la monnaie supplémentaire proportionnellement plus importante qu'elle aurait pu être. Cette augmentation, avec effet de levier, se produit à chaque augmentation de prix de matière première quelle qu'en soit la cause. Toutefois, la population, concernée par l'achat final, à budget individuel égal, peut absorber cette augmentation, en diminuant les achats d'autres biens moins indispensables. Ce qui peut maintenait l'équilibre général, tout en affaiblissant certaines entreprises, parfois faire disparaître les plus fragiles, augmentant le nombre de chômeurs.

---

[72] D'où l'explication des crises.

On a pris cet exemple d'augmentation de prix d'une matière première, dans une Economie ouverte, les banques ayant été privatisées. Ce qui explique que toutes les mesures d'indexations officielles bâties sur les statistiques, seront normalement réévaluées du pourcentage de l'inflation connue à partir de l'augmentation du PIB, qui rappelons-le, est celle de la masse monétaire dépensée par les acheteurs. Cet ajustement, est complété, par la recherche du profit maximum des acteurs qu'on vient de citer, les plus-values[73], les plus élevées possibles, seront seulement freinés par le niveau du pouvoir d'achat de la population.

L'effet visible de la croissance, peut ne plus correspondra à l'augmentation normale subie par le produit de base, mais à une demande quantitative augmentée.

Ou, deuxième hypothèse purement démographique : la seule augmentation du nombre d'acheteurs de la masse monétaire enclenche une compensation à la perte de valeur monétaire. Elle suffit alors pour créer l'inflation par l'augmentation du PIB sans augmentation des prix.

Cette augmentation revient à augmenter le nombre de bouches à nourrir. Toutefois les frais de salaires pour l'entreprise pourra être prise en compte si l'entreprise sauf si son potentiel de production peut faire face à ces nouveaux besoins de production. Elle peut donc traduire cette augmentation par des prix légèrement supérieurs[74]. En

---

[73] Particulièrement distinguées par Marx dans son ouvrage « Le capital »)
[74] Consommation sera dans cet ouvrage un terme qui s'applique à toute la production matérielle ou non, de biens durables ou non. On ne peut distinguer, pour une démonstration globale, ce qui est un déviant du système, avec sa connotation péjorative comme l'entendent les écolo-

revanche c'est la masse salariale qui produira l'effet inflationniste. En effet, s'il y a davantage de biens créés en même temps que la monnaie, celle-ci conservera bien sa valeur unitaire, mais la masse monétaire traduira toujours la valeur globale des biens en circulation, génératrice d'inflation, par compensation à la perte de valeur monétaire[75].

Possible compensation par les acheteurs
Si le nombre de la population est resté stable, l'augmentation du PIB peut provenir de l'augmentation des revenus de la population, devenant à son tour acteur d'expansion monétaire par augmentation de la dépense. Cela entraînera, une augmentation du volume monétaire, et une baisse de valeur unitaire de l'argent qui devra être compensée tôt ou tard par le producteur[76]. C'est sur cette base, davantage d'achats, que la Banque centrale va déduire le niveau de l'inflation[77] à partir de ses services financiers, d'après le chiffre d'affaires des entreprises.

---

gistes. L'économie est d'abord quantitative, faite de ce qui s'achète, l'aspect qualitatif pourra être déduit par la suite.
[75] Le retour de plus d'un millions de prisonniers de guerre en 1944 a relancé l'économie qui était à son étiage. Pour répondre à la demande, les entreprises ont pu investir, aidées par le plan Marshall. Ensuite, dans les années 60, le crédit à l'achat de biens semi-durables et durables (automobiles, immobilier) a pris le relai. Croissance qui a permis l'émergence de la classe moyenne avec un chômage presqu'inexistant. L'inflation due essentiellement au crédit facile a suivi jusqu'à atteindre 14 %
[76] Ce cas a eu lieu en mai 68, après une forte augmentation salariale.
[77] L'indice peut être également calculé sur une moyenne de variation des prix à la consommation, tel que le panier de la ménagère. Mais il est peu probant car les consommateurs varient leurs achats selon des critères eux-mêmes fluctuants.

La compensation salariale restera limitée par le pouvoir patronal. La baisse de valeur est certes préjudiciable à la population, mais sa compensation partielle ou totale est possible par l'indexation du SMIC[78]. Celle-ci est généralement inégalitaire car la résistance patronale à la demande d'augmentation générale salariale, peut être plus ou moins efficace selon les branches des entreprises.

C'est toujours la quantité d'argent nécessaire pour atteindre le nouveau niveau de la masse monétaire, chiffrée par les banques, fabriquées par l'organisme monétaire national (Trésor public) qui détermine l'inflation en pourcentage[79]. Les valeurs d'indexation officielle vont réagir également dans le même sens. Ce qui va enclencher un cycle inflationniste artificiel par le résultat statistique quelle qu'en soit l'origine.

Si les deux facteurs précédents, augmentation de volume monétaire d'origine salariale, et augmentation démographique, se conjuguent, l'inflation peut devenir importante et difficilement contrôlable, sachant qu'il s'agit d'un jeu cyclique systémique de baisse de valeur et de hausse compensatoire jusqu'à arriver à un possible équilibre où ont perdu ceux qui n'ont pu compenser la dernière phase de façon judicieuse, c'est-à-dire ; le plus souvent la population des salariés. On a pu auparavant entrer ainsi dans une course « à l'échalote » : d'un côté et d'autre, du producteur à l'acheteur. La compensation, à cette perte de valeur monétaire, ressentie par les salariés, est parfois

---

[78] A condition qu'il y ait des « coups de pouces » compensant au moins, le retard entre la connaissance du niveau de l'inflation, par rapport à la date précédente

[79] Ces fluctuations sur le long terme sont disponibles dans des organismes tels que l'INSEE.

obtenue uniquement sous la pression de grèves. Les compensations sont des oscillations qui expliquent le phénomène de « résonnance » exponentielle[80] sachant que ce sont les producteurs concernés qui ont un temps d'avance dans cette course. Maîtres des prix ils ressortiront souvent vainqueurs si l'Etat n'intervient pas comme régulateur. Rigueur, austérité s'installent alors, particulièrement sensible pour une partie de la population dont les revenus stagnent. On a ainsi l'explication des inégalités structurelles, dont le cycle a commencé pour la France dans les années 1974, avec la mise en place des dispositions de la loi du 13 janvier 1973 pour freiner les dépenses de l'Etat, considérées officiellement comme étant à l'origine de l'augmentation du volume de la masse monétaire. Dispositions reprises ensuite dans les traités européens avec l'instauration de la Banque centrale européenne (BCE). Cette banque a tous pouvoirs sur les autres banques des pays de l'U.E, notamment, pour lutter contre l'inflation, et attribuer les taux d'intérêt aux pays membres de l'U.E.

Compensation par l'Etat ou lutte anti-inflation

La diminution de l'inflation a été initiée par la diminution des déficits publics dus à l'origine à des dépassements de dépenses par rapport aux rentrées, compensées par la création monétaire, accordées par le Trésor public. Avoir dépensé normalement auparavant sans avoir suffisamment de réserves au moment où une nouvelle dépense est nécessaire ne peut pas être systématiquement une faute pour un Etat. Ne pas avoir suffisamment encaissé de rentrées, en l'occurrence d'impôts et taxes peut en être la source. Certains disent que c'est vivre au-dessus de ses

---

[80] Tendance exponentielle de plus en plus difficile à contrôler.

moyens, ce qui assimilerait un pays à un particulier, absurdité dénoncée par Adam Smith[81] ! Ce qu'on appelle aussi des « trous », sont généralement prévisibles. L'Etat ne parvient pas toujours à les « financer », c'est-à-dire à compenser ce manque de moyens par les rentrées d'argent habituelles, il faut donc qu'il en fabrique, ce qui a toujours été son droit « régalien ». C'est la fameuse « planche à billets ». A moins qu'il emprunte, parfois à la population[82], parfois aux banques, ce qui, en macroéconomie, revient au même : le volume monétaire augmente pareillement quel que soit l'origine des fonds.

Certaines dépenses sont souvent impossibles à éviter pour répondre à ce que l'Etat est censé assumer pour le bien du pays. Par exemple pour s'armer en prévision d'une guerre. Ou en temps de paix, créer des routes, des hôpitaux, des écoles, les entretenir, distribuer des allocations, payer ses fonctionnaires, etc. dépenses qui sont alors considérées comme des investissements utiles par ce qu'ils rapportent en améliorations dans la vie quotidienne du pays[83]. Ces investissements préparent l'avenir et améliorent le quotidien. Jusqu'au jour où, comme on l'a vu, avec la crise des « Subprimes », les Etats ont dû refermer, difficilement, l'ouverture de la trappe créée par les défauts de remboursements aux banques prêteuses, aux U.S.A, répercutés dans les autres pays, liés depuis la globalisation, par leur système bancaire[84]. Le défaut (de remboursement) entraîne vers le fond, une partie du flux qui circule dans le réseau monétaire général. Des grandes banques prêteuses

---

[81] Le plus ancien grand économiste anglais.
[82] Le déficit est donc un solde monétaire négatif.
[83] Une population en bonne santé travaille mieux. Donc rapporte plus, indirectement, aux entreprises.
[84] Prêts, débuts de nationalisations, rachats de titres, etc.

s'écroulent. Pour colmater cette brèche dans le système, il faut injecter les sommes perdues avec l'argent disponible...des banques et Etats de l'U.E. Il y a là une **contradiction** du système dont on comprend le danger[85].

Pour combler ces « trous » qui apparaissent quand les rentrées sont insuffisantes, l'Etat procédait souvent à la création monétaire. C'était le moins « indolore » dans la mesure où il s'agissait de faire fonctionner l'imprimerie nationale pour fabriquer la monnaie qui alimentait alors le Trésor Public chargé des recettes et dépenses. Il suffisait de donner des ordres de paiement à la Banque centrale, et alimenter le Trésor public des sommes correspondantes. Il y a un double effet des dépenses étatiques (distribuées par les ministères) : elles alimentent l'activité dans les domaines concernés cités plus haut, ou pour son propre fonctionnement en augmentant le nombre des fonctionnaires, et tous services nationaux, régionaux, départementaux, ou en lançant des grands travaux (autoroutes, tunnels, etc.). Ou encore en augmentant les allocations à la population. Les revenus augmentent pour les entreprises ou populations concernées, ce qui provoque une augmentation de la production. Avec à la clé une augmentation possible des impôts et taxes pour rétablir l'équilibre comptable par la

---

La tendance actuelle qui donne toutes libertés aux banques du monde occidental de prêter sous leur seule responsabilité, est d'autant plus dangereuse, que des accords internationaux permettent aux banques de se prêter entre elles un argent qu'elles ne possèdent pas en réserve, puisque des accords internationaux interbancaires les autorisent à n'avoir que 8 à 10% de réserves internes sur le montant des sommes qu'elles prêtent. D'où le risque permanent de crises, qui diminuent la circulation monétaire en cas de non remboursement d'une grosse échéance, même d'un montant relativement faible, comme ça été presque le cas avec la Grèce.

suite, dans la mesure où la nécessité de cet équilibre est inscrit dans notre Constitution républicaine.

Le système dit keynésien, axé sur la demande, appuyée par un pouvoir d'achat suffisant, faisait fonctionner l'économie, en priorité, par la dépense. Ce système économique « normal » soutenait et faisait progresser l'humanité en développant les marchés. L'Etat utilisait son droit régalien de battre monnaie chaque fois que de besoin, pour combler un déficit éventuel.

Si l'excès de dépenses est permanent, et important, il en résulte une augmentation de la masse monétaire en circulation, lisible par le chiffre du PIB. La fabrication monétaire étatique, comme c'était le cas avant 1973, considérée comme étant la source de cette inflation, est en réalité la conséquence du déficit et non son origine. La solution, adoptée par tous les pays occidentaux, reste l'emprunt, censé diminuer la tentation de dépenses supplémentaires qui suppose une augmentation de charges dues aux d'intérêts. A noter que le « service de la dette », les intérêts à payer sont tels qu'ils diminuent les possibilités de remboursement du capital emprunté[86]. Ce qui va induire une dépense étatique supplémentaire lors des échéances : la dette souveraine va en augmenter d'autant et peut être, comme c'est le cas actuellement s'accumuler pour devenir structurelle dans un cycle dont il est difficile de s'échapper.

L'augmentation des recettes étant électoralement difficilement acceptables, c'est pour financer ses déficits, que la France va emprunter, Les augmentations de dé-

---

[86] Toutefois depuis quelque temps les emprunts d'Etat se font à intérêt négatifs. Avec l'inconvénient de fragiliser le système bancaire. Si un pays fait défaut, une grave crise financière peut survenir.

penses étatiques, dans la mesure où elles contribuent à faire fonctionner l'Economie, sont pourtant positives. Les déficits sont régulés par les traités européens, à l'avantage des banques puisque celles-ci sont les premières à bénéficier de la baisse de l'inflation. Les déficits d'Etat dont les origines seraient essentiellement des dépassements de dépenses, auraient pu être provisoires ou peu importants. Ils peuvent provenir aussi bien d'un manque de retour sur investissements pour une mauvaise gestion, que de manques de prélèvements.

Sachant que l'inflation peut avoir cette origine, on peut désormais dénoncer, cette idée reçue, une mystification générale, dans le système économique. Elle est la clé des difficultés humaines pour une partie des populations, dues au système libéral actuel. L'augmentation des prix, tirant sa source dans la compensation aux déficits publics, n'a pourtant rien d'obligatoire : elle peut rester faible si elle est ajustée pour que le niveau, de la masse monétaire en circulation ne dépasse pas un certain seuil. La combattre de façon drastique est une erreur, que dénoncent certains économistes. Depuis que le droit régalien de battre monnaie lui a été ôté, soi-disant, parce que les dépassements étatiques sont néfastes, les dettes souveraines sont devenues inévitables. Ce qui permet officiellement à l'Etat de diminuer une bonne partie des aides à la population, et à installer l'austérité.

Cela a permis aux pays de l'U.E de diminuer le niveau de l'inflation avec des taux d'intérêt arrivés à un niveau proche de zéro par un effet « boomerang » du système. Les taux d'intérêt ont considérablement baissé pour maintenir un minimum d'activité par « l'offre », rendant les banques prêteuses fragiles, bien que toujours bénéficiaires produisant des intérêts faibles mais sûrs, la valeur de leur « capital » étant préservé.

En effet, puisque ces taux sont devenus presque nuls, parfois négatifs pour les nouveaux prêts, chaque compensation de la part d'une banque aurait dû augmenter la demande de prêts pour les particuliers. Nos dirigeants, nationaux ou européens, sont les premiers responsables du développement de leur pays car ils redistribuent les richesses du travail qui est le moteur de l'économie réelle. Malheureusement, ils réservent leur bienveillance, en priorité, pour les banques et les grandes entreprises après un « lobbying » permanent. On comprend les conséquences sur le plan social. Avoir créé de toute pièce un système anti-inflationniste qui provoque l'endettement des pays, sous prétexte de diminuer une inflation devenue insupportable, pour elles, est une mystification coupable. Certes, si l'Etat insuffle un argent « frais » dans la masse monétaire en circulation, pour combler le déficit national quelle que soit son origine, cela peut renforcer la croissance. Mais indirectement, si le déficit était lui-même en dépassement. L'Etat a pris le prétexte officiel que l'inflation handicapait la *population* dont le pouvoir d'achat diminuait corrélativement. Ce qui est vrai mais en cachant que ce sont les banques les plus concernées. Combler le déficit est présenté comme un remède. Justification fallacieuse d'avoir à diminuer ses dépenses, sachant, comme on l'a dit, que l'augmentation de la masse monétaire en circulation est, à terme, supérieure, même légèrement, avec l'emprunt bancaire qu'avec la création monétaire directe.

L'Etat français n'a toujours pu trouver les ressources internes, pour rembourser ses dettes. Il faut donc qu'il réemprunte à chaque échéance. Ce qui les prolonge, mais ne permet pas de les diminuer de façon significative, malgré la baisse des taux d'intérêts. Il faudrait deux à trois générations pour l'éliminer complétement, en réempruntant à des taux inférieurs à celui des dettes encours [87]. Il y a donc une contradiction difficile à surmonter. Malgré des apports de liquidités importantes, le Japon ne parvient pas à diminuer une énorme dette souveraine essentiellement due à ses banques internes. Leur faible chômage est dû à l'importance de leur exportation, comme en Allemagne. La solution que personne n'ose prendre, comme le font les pays émergeants, serait celle d'augmenter les petits revenus. L'activité interne devenue significative relancerait la machine. (Voir chapitre « Comment renverser la table »

Toute augmentation du flux monétaire quelle qu'en soit l'origine, après traitement compensatoire par chaque acteur, est potentiellement inflationniste.

Pour une activité normale en expansion normale, c'est-à-dire lente, s'il s'agit de combler un déficit pour excès de dépenses, une certaine inflation des prix est donc une conséquence normale. ***En tant que telle, l'inflation peut-être faible, et non préjudiciable, si les compensations pour perte de valeur sont suffisantes. A priori en termes de dynamique économique elle est bénéfique.***

Interdire la création monétaire ad libitum, sous prétexte que la facilité de créer la monnaie augmentait rapidement les déficits est une erreur comme on vient de le voir, car c'est prendre l'effet pour la cause. L'Etat pensait parvenir ainsi à enclencher son action antiinflationniste en s'attaquant à ce que les économistes libéraux estiment, eux

---

[87] Les U.S.A ont atteint un niveau d'endettement colossal. Le Japon également.

être les causes, c'est-à-dire, des dépenses excessives, aussi bien en freinant ses propres investissements, que ceux des producteurs autrement dit, en diminuant l'activité économique. Ce qui explique l'importance du chômage. Le solde restant déficitaire par manque de rentrées, l'inflation a pu se poursuivre sur la durée, malgré la nécessité des remboursements censés la freiner.

Le fait d'avoir à rembourser des sommes empruntées aurait dû, disaient ces dirigeants, empêcher ces excès de dépenses. Ce système prévu officiellement pour freiner l'inflation, instauré par les dirigeants issus ou proches des milieux financiers, est un faux semblant. Augmenter les recettes, donc les impôts, n'étant toujours pas facile, il ne restait, pour ces dirigeants, que la solution de diminuer les dépenses d'Etat[88]. Mais le cumul des dettes d'Etat, depuis des décennies, prouve que cela n'a pas été, non plus, possible. Les caisses « sont vides » parce que l'argent qui rentre ressort aussitôt. Les dépenses vont plus *vite* que les recettes.

L'autre solution, consiste à diminuer les achats à crédit dans la population, baissant la circulation monétaire. Le succès de la diminution de l'inflation était lent parce qu'en même temps elle bloquait les achats, ce qui ne convenait plus aux prêteurs à moins de diminuer leurs taux d'intérêt. Ce n'est qu'à force de diminuer les dépenses de la population, qu'elle a été freinée.

Ce deuxième levier a toutefois été efficace à terme à condition que la compensation salariale reste toujours

---

[88] C'est pourquoi l'impôt sur les revenus a nettement diminué au fil des ans, remplacé par la TVA, moins visible car indirecte.

inférieure à l'inflation. Elle implique ces fameuses inégalités qui ont commencé à voir le jour quelques années après la mise en place de cette technique encouragée par le patronat. L'indexation du salaire minimum (SMIC) sur le taux de l'inflation, censé maintenir le pouvoir d'achat, est sujette à caution dans la mesure où le rattrapage ne se fait qu'après la connaissance de l'indice officiel, dans un délai d'un an, délai pendant lequel le rattrapage compensatoire éventuel n'est pas effectif, malgré quelques rares « coups de pouces » censés rétablir l'équilibre compensatoire. Sur le long terme la baisse réelle du pouvoir d'achat de cette catégorie d'employés, a entrainé un freinage médian général.

Pour l'Etat le solde du budget reste déficitaire par le manque de rentrées dues à la baisse du pouvoir d'achat accentué par le manque d'investissements. La diminution de l'inflation a pu se poursuivre dans la durée sous la pression de ces deux leviers. La lutte contre l'inflation n'a pu être efficace, comme on peut le constater pour tous les pays européens, qu'au prix d'une montée du chômage, et des emplois précaires que ce freinage a entrainé. C'est donc sur les inégalités que le système libéral fonctionne, à l'avantage du système bancaire. Toutefois celui-ci a atteint ses limites, les banques n'ayant plus que des faibles taux d'intérêt, ne peuvent plus prêter qu'avec circonspection ce qui obère les investissements.

La gestion doit se faire, disent les responsables, comme celle des entreprises, et des particuliers : ne pas vivre au-dessus de ses moyens. Dogme intransigeant, pour la France, mais également, pour les autres pays européens puisque la lutte contre l'inflation est reprise dans les traités européens depuis celui de Maastricht[89] avec l'instauration de la BCE. C'est ce principe d'austérité qui va entraîner également, pour certains pays, un autre cercle vicieux, cette fois déflationniste. Ceci malgré ce qu'a dit Adam Smith, pourtant économiste libéral, il y a trois siècles [90] qui a mis en garde les responsables des Etats, de ne pas appliquer à leur niveau les règles de gestion comptable en vigueur pour les particuliers.

L'activité qui baisse, entraîne le flux monétaire vers le bas, dangereux pour la production. Celle-ci baisse, le chômage augmente, etc. L'appauvrissement s'est généralisé, principalement dans l'Europe du Sud. Les PME et TPE, qui n'exportent pas, en souffrent.

Dans le traitement des informations des valeurs monétaires, chacun des 4 acteurs décrits au début de cet ouvrage, apporte ses plus-values, et parfois ses moins-values en cas de déflation. Dans la population, chaque individu effectue ses achats selon ses moyens qui ne dépendent pas de lui. L'Etat restreint ses dépenses-investissements. L'Entreprise augmente ses prix et ses bénéfices même dans un monde très concurrentiel. La Banque crée de la monnaie en prêtant avec parcimonie. L'inflation des prix était le fait de l'Entreprise et de l'Etat quand ils investissaient. La population qui a peu de responsabilités, ne fait que suivre difficilement l'évolution moyenne de la croissance. Elle survit essentiellement avec des salaires faibles ou allocations de secours pour les classes populaires défavorisée. Les trois acteurs précédents, augmentent, chacun à son niveau, les sommes nécessaires,

---

[89] Les déficits ne doivent pas dépasser 3% du PIB
[90] Adam Smith, (18 e siècle) connu pour le premier des grands économistes libéraux.

toujours soutirées de la population des acheteurs, par l'augmentation des prix. L'entreprise et la finance pour l'appât du gain, l'Etat pour remplir sa tâche et la population salariale en compensation des pertes précédentes subies contre sa volonté. Les pressions sont permanentes, mais agissent de façon irrégulière, en concurrence entre elles.

La dette souveraine

L'Etat aurait, pourtant, la possibilité de réguler ce système, à condition d'être maître de sa monnaie et des taux d'intérêt. Les prêteurs, les plus concernés par l'inflation, vont continuer à tout faire pour l'éviter en limitant toujours la croissance. Retour pourtant réclamé depuis des décennies, par des sociaux-économistes lucides qui refusent le contrecoup de la lutte contre l'inflation.

Nous insistons sur cette logique de la dynamique du système monétaire : l'inflation existe potentiellement car elle est liée à la croissance, elle-même potentielle, au moins sur le long terme, à cause de la recherche du rendement maximum des entreprises dans leur ensemble.

Sauf exception, (pendant le ministère de Lionel Jospin[91]), des remboursements nets n'ont pu diminuer la dette. La méthode de l'emprunt n'a donc pu montrer son efficacité pour éliminer l'inflation. Les dettes se cumulent parce qu'on emprunte à nouveau pour rembourser celles échues augmentées des intérêts. Le seront-elles un jour ? Sauf un renversement complet du système permet de l'espérer, c'est-à-dire, retrouver au moins l'indépendance de la fabrication monétaire qui, reste interdite par la BCE.

---

[91] Des rentrées importantes ont eu lieu en privatisant des entreprises nationales.

Les responsables politiques disent que la dette souveraine est trop importante pour emprunter de nouveau. Effet d'annonce destiné à faire supporter des restrictions à une partie de la population, dont le chômage et la précarité sont les éléments les plus visibles. Si l'Etat peut prolonger indéfiniment et même augmenter les créances à chaque échéance avec l'aide des banques qui ne demandent que cela, il n'y a aucune raison d'en faire pâtir la population puisque l'inflation ne lui aurait pas toujours été défavorable a priori. Mais si les dépenses de l'Etat diminuent, les retombées pour les entreprises baisseront également. Les conséquences sont la perte de confiance dans l'avenir. Donc encore moins d'investissements, avec ce que cela suppose de diminution de l'activité dans un cercle vicieux difficile à briser sauf à changer le système anti-inflationniste.

Les dettes souveraines surviennent comme des sommes que l'inflation aurait cumulées sans cette technique, et globalement *représentées*, dans le système précédent. Elles en ont le même caractère artificiel que la création monétaire étatique. Ce sont des compensations destinées à rééquilibrer la perte d'activité que le système a généré. La technique austéritaire, récemment imposée par la finance à la Grèce, est un rééquilibrage par le bas des richesses produites. Elle mène à la déflation et au défaut de paiement pour les pays les plus démunis, que tôt ou tard d'autres membres de l'U.E auront à supporter. C'est l'effet de la loi des systèmes imbriqués dans la circulation monétaire. Il y a des leviers qui freinent, et d'autres qui accélèrent chez chaque acteur. Les résultats entrainent, l'austérité négative, ou les investissements positifs.

Le rythme d'activité général s'est affaibli. D'où ses conséquences déjà évoquées, sur le chômage et la précarité du travail[92] qu'il faut donc lier à la perte d'indépendance financière des Etats. Intervenir pour aider suffisamment le pouvoir d'achat des classes populaires[93] est une méthode du contrôle de la masse monétaire, qui n'est efficace, du point de vue du ralentissement de l'inflation, que dans la mesure où les entreprises ont réussi à contenir l'augmentation des salaires, malgré les pressions des syndicats. Il est vrai que celles-ci ne s'exercent qu'en ordre dispersé : les grands industriels depuis qu'ils ont le droit de sous-traiter leurs productions peuvent résister à la pression salariale. Un cercle vicieux de baisse de production-chômage, dont on ne sortira pas tant qu'on ne sera pas parvenu à un rééquilibrage favorable monétaire production-consommation[94]. Les achats ont baissé, la production a faibli. Le chômage, qui était presque nul en 1975 a commencé à progresser jusqu'à nos jours[95].

Quant à ceux qui sont les plus démunis, ils compenseront en partie les pertes dues aux augmentations de salaires indexés au même niveau (SMIC) que celui de cette inflation[96]. Les statistiques de la période dite des Trente

---

[92] Seule l'augmentation de l'exportation peut parvenir à le stabiliser. Mais on se heurte alors à l'économie des autres pays.
[93] Les classes aisées ont pu compléter leurs revenus par le rendement des prêts et la spéculation boursière.
[94] Ce retour arrière est un appauvrissement du pays, comme le subissent la Grèce, l'Espagne, le Portugal, etc.
[95] Certains pays voient le chômage baisser, mais la pauvreté augmenter. En Allemagne, ce sont les exportations qui jouent en sa faveur.
[96] A noter que la seule indexation du salaire minimum et autres revenus sur le niveau de l'inflation, ne permet pas d'arriver à des compensations exactes, dans la mesure où elles n'a lieu qu'après coup, soit après un an

glorieuses où le pouvoir d'achat *réel* des salariés a augmenté de 5% net par an, hors niveau de l'inflation, sur 30 ans, prouvent que l'inflation n'a pas généré d'inégalités. Si les salaires augmentent légèrement plus que la valeur de l'inflation, il n'y a pas d'appauvrissement automatique[97].

C'est la baisse du pouvoir d'achat des acheteurs qui, à la longue, a enrayé l'inflation.

La conclusion qui s'imposerait pour la France, comme pour certains pays de l'U.E, consisterait à revenir sur le traité de Maastricht, qui a instauré la BCE avec l'objectif premier, d'éviter toute inflation.

Pour briser le cercle vicieux financement déficit-dette-croissance nulle-chômage, il faut créer la croissance en augmentant les dépenses-investissements, dans le privé comme dans le public. Augmenter la masse salariale doit être vu comme une incitation à l'investissement. Si les revenus de la majorité de la population augmentent comme dans un système fordiste[98], méthode que l'on va préconiser plus loin (ch. Comment renverser la table), l'arbitrage de l'Etat en faveur de la population, quitte à créer de la monnaie, serait légitimé par l'intérêt national. L'endettement de l'Etat devrait diminuer, par le retour sur les investissements, tôt ou tard. Contrairement au dogme de la pensée

---

pendant lequel la perte de valeur monétaire a eu lieu. Ceci malgré quelques rares »coups de pouce »

[97] Pendant cette période des » trente glorieuses » l'inflation près de 14 %, accompagnait la prospérité, bien qu'elle était considérée comme importante. Le chômage était quasi inexistant. Le rattrapage cette fois a été celui des salariés.

[98] Ford a dit, au début de l'industrialisation de la production, que plus il paye ses ouvriers, plus ils pourront acheter les voitures qu'ils produisent.

unique, créer des emplois dans la fonction publique, qu'ils soient directement productifs ou non, compte parmi les leviers qui agissent sur l'Economie. Il lui redonne de la vigueur parce qu'il permet à davantage d'acheteurs d'augmenter la production, et, relancer l'économie. Contrairement au dogme ultra-libéral, il faut donc, non seulement, ne pas diminuer le nombre de fonctionnaires, mais l'augmenter.

En attendant cet hypothétique renversement, connaissant maintenant ce qu'a de fallacieux, d'illégitime, de suspect même, d'une dette souveraine fomentée par et pour la finance, nous pouvons proposer un système inédit qui, également artificiel, car il s'agit d'une simple écriture comptable, rétablirait la **confiance**, pourrait donner satisfaction aux deux parties, les banques prêteuses et l'Etat sans risque, et à moindre coût. En permettant de sortir du guêpier de la dette, on supprimerait, cette menace qui pèse lourdement sur la population. Une simple écriture comptable ouvrirait une porte sur l'avenir.

Fiction positive
On sait que « restructurer » une dette consiste soit à retarder son échéance, soit à en diminuer le montant. Perte partielle ou simplement rééchelonnée pour le créancier, ce traitement est sans contrepartie pour le prêteur obligé de l'accepter sous la menace d'un défaut de paiement complet. Cas de l'Argentine il y a une dizaine d'années et récemment celui de l'Islande. Cas de la Grèce également. C'est le risque de tout prêteur, qu'il espère éviter en augmentant le niveau des taux d'intérêts, comme une sorte d'assurance. Mais ce système, dont on a montré le caractère prédateur, peut tourner sans fin, sauf à provoquer une crise financière de liquidités grave.

En revanche on pourrait effacer partiellement ou totalement, toute dette souveraine, par un simple jeu d'écriture qui reprendrait comme nulle la somme due dans les comptes des prêteurs, comme des débiteurs. Tout se passerait *comme si le remboursement avait été réellement effectué*. Supposons donc que chaque Etat endetté invite les créanciers à réinscrire dans leur compte, au moment de l'échéance, les sommes prêtées comme ayant été remboursées. On reviendrait à la situation des bilans, au moment de l'emprunt. Les prêteurs, de leur côté inscrivent cette somme comme ayant été arithmétiquement équitablement remboursée, bien que *sans mouvement de fonds réels*. C'est un jeu d'écriture simple, sans conséquences. Il n'y aurait aucune perturbation dans le système financier réciproque. Le prêteur retrouve son argent nominal comme au moment de la transaction. Il a toutefois bénéficié des intérêts annuels, comme prévu dans le contrat initial. L'emprunteur est allégé du poids de cette dette.

Faire des virements sans fonds propres n'est pas interdit aux banques (Conventions de Bâle II et III). Elles le font en permanence dans les échanges de gré à gré. Ce qui consiste à prêter des sommes qu'elles empruntent aussitôt à d'autres banques. Ce tour de passe-passe permet de maintenir l'équilibre entre l'actif et le passif. Dans le même ordre d'idées, la France a sauvé de la faillite les grandes banques qu'y étaient exposée en 2008 à cause de la crise des « subprimes ». Pour combler ces trous, elle a prêté la bagatelle de 320 milliards d'euros...qu'elle n'avait certainement pas : les caisses sont vides disent à juste titre les ministres responsables. Qui avait cette somme en réserve ? Le Trésor public a-t-il lui-même emprunté cette somme, ou fait un chèque sans provision pour sauver une ou plusieurs banques ? Peu importe puisque c'était à très court terme, le temps que ces banques réussissent à combler leur découvert en emprunter à leur tour. En fait on ne sait rien de tous ces mouvements qui ont lieu sans provisions prises sur des réserves. La tactique qui consiste à trouver un nouveau prêteur, le temps nécessaire, n'est pas sans risque, comme on l'a vu quand une « trappe à liquidités » s'ouvre quelque part dans le monde, puisque l'argent doit continuer à circuler en permanence, le temps de trouver les fonds nécessaires, quitte à laisser disparaitre définitivement l'auteur du crash. Les banques restent donc toujours sur le fil du rasoir, comme l'a montré la crise : il circule simplement plus vite un certain temps, celui d'amasser de nouvelles liquidités.

Notre proposition consiste à faire aussi de la trésorerie fictive : faire un faux remboursement. Ce serait sans dommage si les deux parties sont d'accord. Le simple jeu d'écritures en question reviendrait à faire un faux bilan dont on aura financé artificiellement un déficit. Et comme, avec ce processus, les banques réintègrent leurs liquidités manquantes, elles ne sont donc pas lésées. Dans ce scénario les sommes empruntées, celles qui ont généré les dettes, auront tout de même servi à l'Etat jusqu'au moment de l'échéance. Elles auraient donc été créées « ex nihilo », comme cela se passait quand l'Etat faisait marcher la « planche à billets ». Mais aucun mouvement de fonds n'ayant eu lieu, rien de sera perturbé.

Effacer certaines dettes souveraines venant à échéance, permettrait de se retrouver occasionnellement dans la situation qui prévalait en France avant la loi du 3 janvier 1973, ou les dispositions des traités européens avant 1994. Dans de telles conditions de sécurité, la pression des créanciers devrait se calmer. Les deux parties, l'Etat, et la finance devrait s'entendre à chaque cas litigieux. Ce remboursement fictif, n'est pas dicté par bonté d'âme envers les banques, loin s'en faut comme dans le monde de la finance, mais, une solution pragmatique qui aurait l'avantage de préserver les populations des conséquences d'un véritable défaut parce que tôt ou tard les pertes d'argent situées au niveau national seront répercutées sur elles.

La Grèce et autres Etats déficitaires qui adopteraient le système du faux remboursement pourraient émerger et retrouver une situation saine en supprimant toute pression qui pèse sur la population qui dépend en réalité de chiffres…de création monétaire, donc factices, virtuels.

Ce raisonnement, a eu au moins le mérite de montrer où sont et où ont été les responsabilités. Pourquoi ce scénario où la finance ne dominerait plus les Etats ne serait-il pas adopté un jour? Certes ce serait reconnaître que la lutte contre l'inflation a été une erreur. Et en faire porter la responsabilité sur les dirigeants qui l'ont fait accepter. Parce que des accords entre les pays au niveau européen ont eu lieu en faveur des banques qui préfèrent mutualiser leurs propres dettes, comme recours en cas de sinistre, comme l'a accepté récemment l'U.E : Mécanisme européen de stabilité (MES). C'est, apparemment, une solution plus favorable : leurs créances sont garanties ainsi par la BCE en dernier ressort. Elles peuvent continuer à amasser les intérêts, sans trop de risque sachant qu'en cas de grave problème dû à un manque de liquidités, les Etats, par l'intervention des banques centrales, s'obligeront à les sauver. Mais est-ce que la BCE a des fonds propres suffisants, malgré le MES en cas de nouvelle grave crise financière ? En a-elle-les moyens ? Les sommes en question peuvent être importantes. Autrement dit, d'où prendra-elle les fonds ? Sur le budget de l'U.E ? Il est notoirement faible. Alors de nouveau la création monétaire, qui fait marcher la planche à billets ? Elle vient de commencer à racheter les actifs (obligations) pour ceux qui veulent s'en débarrasser avant les échéances[99]. Ce que le traité de Maastricht n'a pas prévu. N'est-ce pas déjà une transgression ?

La méthode de faux remboursement serait un encouragement à emprunter n'importe quoi à n'importe qui n'importe quand, diront les économistes orthodoxes. On peut rétorquer qu'il y a toujours ces intérêts à payer, donc le système n'est pas sans inconvénient. D'autre part l'appel au secours de la part d'un Etat débiteur, serait examiné par des instances collégiales indépendantes, qui n'en donneraient l'autorisation qu'après examen des comptes concernés.

C'est par les prêts aux Etats que les banques ont pris le pouvoir progressivement ! Ce qui s'est généralisé avec les traités européens. Tous des « faux monnayeurs » disent certains. L'Etat souverain ne devrait avoir de comptes à rendre qu'au pays et non à ses comptables. Vrai ou faux, l'argent ne circule plus que par clics. Il s'est dématérialisé. Supprimer toute pertinence à un déficit permettrait de relancer la croissance et l'emploi conformément à la théorie des systèmes.

On ne peut que conclure de ce chapitre, que la lutte contre l'inflation est difficile à justifier. Le traité de Maastricht, en chargeant de cette lutte la BCE, avait-elle prévu qu'elle entrainerait tôt ou tard les profondes inégalités qui pèsent depuis des années sur une grande partie des populations de l'Union européenne ? Cette méthode de lutte contre l'inflation n'est efficace, dans un système totalement

---

[99] « Quantitative-leasing » Aide aux banques en rachetant des obligations.

libéral, que si elle consiste à baisser l'activité économique. Avec pour résultat des dettes souveraines impossibles à rembourser. Chaque pays européen aurait pu, à sa manière, résoudre ce « problème » avant ce traité, en adoptant des mesures coercitives envers ses Banques les seules véritablement intéressées par la diminution de ce « phénomène » préjudiciable **avant tout** aux organismes prêteurs. Quitte à les renationaliser, et pour les entreprises quitte à bloquer les prix un certain temps, on peut admettre une certaine inflation, sans grand dommage. Au contraire à l'avantage des revenus du travail, donc avec peu de chômage. C'est ce creusement des inégalités commencées doucement il y a une quarantaine d'années qui mène à la misère une partie de la population telle que nous la connaissons un peu partout dans le monde occidental.

Cette méthode, si elle est faite à un niveau suffisant, est une bonne solution pour l'activité interne. Pendant les « trente glorieuses », le niveau du pouvoir d'achat de la population dans son ensemble est monté de **5 % par an** malgré une inflation à deux chiffres. Si l'on redevient maître de notre monnaie et de notre Banque centrale, on pourrait encore le faire…Cela s'appelle la croissance ou le progrès.

LA PROPRIETE, PUISSANCE PREDATRICE DU CAPITAL

L'homme « fourrageur » devenu agriculteur sédentaire était propriétaire, avec ses congénères, de la terre d'où il tirait sa nourriture. C'était sa richesse, obtenue et conservée généralement par la force, chacun défendant la source de sa survie. La puissance attribuée à l'argent vient de la possession de ces parcelles de terre. Quand le système est devenu féodal, les chefs de village et autres seigneurs en tiraient toute leur puissance. Localisée et maintenue comme telle de générations en générations par l'héritage.

Sur le fond, rien n'a changé depuis, sachant que les terrains de production ont créé les droits privés de conservation de ces richesses à leurs propriétaires. Dans notre système libéral, cette puissance acquise au départ par la violence pour la possession, subsiste : elle est régie par la loi. En évaluant les biens et en les transmettant, l'argent transmet également la violence intrinsèque de la propriété. Ce principe est resté le même de nos jours, à ceci près que, toujours par la force de l'argent, certains ont augmenté la surface de leurs « terrains », devenus lieux de production de plus en plus importants. Leur nombre a augmenté avec l'augmentation démographique. Certes si tout ceci est connu, il est bon de le rappeler quand on revient sur les fondamentaux de la macroéconomie, la monnaie.

Pour paraphraser Proudhon, la propriété c'est le « v(i)ol » autrement dit le capital engendre la violence prédatrice envers les non-propriétaires de leur travail, les salariés, ces nouveaux serfs.

L'effet secondaire de la circulation monétaire, laissée à elle-même, conduirait au freinage et à terme à sa disparition, sauf si, en contrepartie, la force initiale du système n'était pas systématiquement ré-augmentée ou si dans le système lui-même, il n'était pas prévu une régulation monétaire, par compensation, qui contredise ou repousse en permanence l'usure de cet effet secondaire. On peut admettre que cet effet est un vice caché du système car ce n'est, le plus souvent, qu'à l'usage, qu'il se manifeste.

Ce fonctionnement d'abord mécanique, dû à l'origine aux forces du travail, explique les suppléments de liquidités, compensant des pertes de valeurs, d'autant plus importantes que la vitesse circulatoire monétaire augmente rapidement. La force centrifuge, comme indiqué sur la figure 2, disperse ces richesses : les plus-values, qui ne retournent pas en totalité vers la production. Elles sont habituellement récupérées par ceux qui sont partie prenante dans la circulation monétaire qu'ils dirigent alors vers l'épargne ou les investissements, selon leur choix pour un meilleur rendement. Elles sont souvent distribuées en priorité, aux porteurs des capitaux et actionnaires de l'entreprise. Il y a donc deux formes de traitement des valeurs, l'une par l'Entreprise, l'autre par la Finance. Deux facteurs d'inflation et de croissance, ou, au contraire, de déflation et de décroissance, selon l'importance de leurs « prélèvements » après réalisation de leurs plus-values.

Frustration, aliénation des travailleurs, qui ne sont que spectateurs dans cette Economie dynamique libre, ont été dénoncées par Marx. Elles se situent donc bien dans un système où les moyens de redistribution ne sont pas donnés à l'Homme-machine[100]. Les forces humaines sont assimilées aux outils de travail qu'ils utilisent. Les forces en mouvement, les actes d'achat qui propulsent l'économie, échappent aux travailleurs comme on l'a constaté, dans la mesure où ils ne sont pas décideurs des attributions des valeurs aux produits.

Les crises
Crise de la demande

Le principe de laisser leur libre circulation aux capitaux est extrêmement favorable, pour ceux qui se sont placés sur ce chemin : s'il y a crise, il y a une possibilité de

---

[100] Le seul moyen est la pression par la grève. Mais seul un mouvement d'ensemble peut être efficace. Les grandes entreprises, ont les moyens d'y résister étant donné leur puissance, et la diversité de leurs sous-traitants.

compensation de la perte des disparitions d'actifs par les autres détenteurs de capitaux, sinon par l'Etat. C'est la loi de la jungle, dite d'autorégulation naturelle. Quant aux prédations humaines que cela suppose, peu importe, « les affaires sont les affaires » disent les tenants de ce système. Parlant d'économie, cela se traduit par des pertes de pouvoir d'achat des salariés qui subissent la disparition des entreprises : que les gouvernants s'occupent du social, disent toujours les libéraux ! Les hommes sont, à leurs yeux, des outils qui doivent être traités comme tels. Cette technique est dogmatisée comme une pensée unique néolibérale, celle qui prévaut actuellement en faveur de la liberté totale des échanges. C'est un système monétaire adopté par tous les pays occidentaux modernes, principalement par les U.S.A au nom de la liberté d'entreprendre et du risque pour gagner, et du désengagement de l'Etat...sauf en cas d'extrême nécessité, où il vient pour sauver.

Certains propriétaires-producteurs, qui veulent trop profiter, le font souvent au détriment de leur propre production : trop chers, leurs produits sont soumis à la concurrence de ceux qui, plus puissants tiennent leurs prix. Trop nombreux aussi dans une branche qui, au bout d'un certain temps, sature le marché quand les besoins sont satisfaits. Sans retour monétaire suffisant dans le circuit de production celle-ci peut décliner. Ce qui enclenche une pression sur la demande, diminue la force des flux monétaires, qui diminue à leur tour la croissance. Celle-ci va mécaniquement entraîner le chômage (figure3). Circuit qui se referme sur la baisse de la demande, la masse des acheteurs, perdant leur pouvoir d'achats. Si cet effet est brutal, il y a crise de débouchés[101], qui entraîne la surproduction, donc de

---

[101] D'où les délocalisations industrielles.

chômage, comme on le constate actuellement dans de nombreux pays.

Les mouvements de transformation et de distribution de produits peuvent ainsi rencontrer des obstacles et renforcer les effets secondaires délétères ainsi créés par leur propre fonctionnement. Ils rendent leur production excessive ou insuffisante selon les périodes : une interprétation erronée ou trop rapide donnée par le signal du nombre d'achats des produits peut conduire à une mauvaise anticipation des quantités à reproduire. Ce sont alors des crises de sur ou sous-production qui se transforment en crise financière. Mettant ainsi en retard le développement économique des pays qui sont concernés. Si les résultats d'un commerce extérieur sont, eux aussi, insuffisants pour assurer des débouchés, ils accentuent le déséquilibre qui entraîne une crise de confiance qui l'accentue à son tour.

L'explication des crises est donc toujours celle des dysfonctionnements des marchés. Qu'ils soient d'ordre matériel ou immatériel, ils concernent la production générale. Dans cette logique, la surproduction ou sous-production augmente ou baisse plus ou moins rapidement. Ceci sous l'effet imprévu de forces nouvelles comme cela a été le cas lors de l'introduction en quantité des micro-ordinateurs dans les années 70[102]. Les données ont été

---

[102] En construisant la première machine à calculer au monde, Blaise Pascal, ne pouvait pas prévoir, malgré son génie inventif, qu'elle serait à l'origine d'un extraordinaire bouleversement universel quelques trois cents ans plus tard. En effet sa machine mettait en action un système mécanique fait de bielles et rouages permettant d'obtenir automatiquement les résultats chiffrés de calculs jusqu'alors obtenus manuellement. Ils sont reproduits à notre époque, en utilisant des systèmes électroniques avec des résultats obtenus à la vitesse de la lumière. Les ordinateurs étaient d'ailleurs appelés calculatrices à l'origine, et restent

changées. Les ordinateurs ont en effet considérablement accéléré la production en général, et toujours dans le domaine matériel, celui des voitures automobiles (robotisation). La cause d'une crise est souvent liée à un gain significatif de la productivité des entreprises qui est suivi dans l'immédiat, par la perte consécutive de masse salariale. Donc toujours, une perte de pouvoir d'achat.

Bien avant, d'autres crises se sont produites dans le monde. La crise des « tulipes » a eu lieu au 17 e siècle lors de la surproduction de cette nouvelle fleur aux Pays-Bas. La demande s'est raréfiée ensuite : les achats devenus trop importants, ont subis le contrecoup d'un effet de mode, ont donc baissés, alors que la production se poursuivait. D'où l'effondrement de la production qui s'était généralisée. En France et en Grande-Bretagne, au 19 e siècle, à la suite de l'invention du métier à tisser et leur motorisation, la production à grande échelle a entraîné la destruction du tissu artisanal avec chômage catastrophique et misère. Exemple caractéristique, dans ce secteur, d'une productivité excessive, entraînant une économie dévastatrice sur le plan humain : une compensation à ce système, diminuera progressivement le chômage en redirigeant la main-d'œuvre vers les fabrications nouvelles, parfois liées à cette innovation technique. Mais elle n'a pu se faire que sur une génération[103]. Les crises dans le capitalisme productif, sur ou sous-production de certains secteurs, peuvent être vus comme

---

toujours des « computers » en anglais. La macroéconomie, faite de myriades d'échanges, donc de résultats statistiques, peut être ainsi traitée automatiquement sans effort. Autrement l'énorme complexité des sous-systèmes imbriqués dans de tels échanges quotidiens rendrait la gestion des comptes, quasi impossible.

[103] Un exemple actuel : le commerce numérique qui s'appuie sur l'invention de l'électronique.

la rançon du modernisme. Certaines crises monétaires, ont eu lieu au siècle précédent, en Extrême-Orient et en Amérique du sud, surmontées difficilement toujours au détriment des classes sociales défavorisées. En France des crises immobilières ont eu lieu avant la crise des « Subprimes ».

Crise financière

Toutes les parties prenantes vont donc subir les conséquences d'une crise. En premier lieu l'ouvrier producteur dont on a moins besoin depuis que l'automatisme de la production matérielle dans certains secteurs le remplace de plus en plus. L'explication du chômage, comme variable d'ajustement, sorte de « délestage », se trouve dans la *décroissance monétaire : perte d'emploi équivalait à perte de pouvoir d'achat, donc diminution de l'activité*. Seuls ceux qui ont des réserves pourront en atténuer les effets. Les classes les plus défavorisés subiront les difficultés des revenus des producteurs. Le chantage à l'emploi, dû à sa précarité, en accentue les effets. Sans compter le surendettement. Par ailleurs, sans avenir visible, même les classes moyennes ne prendront pas le risque d'un crédit, ce qui sera évidemment ressenti par les banques malgré un possible effet attractif dû à des taux d'intérêts faibles. A moins que l'Etat, par l'intermédiaire d'une Banque Centrale souveraine, intervienne en facilitant son accès en taux et en durée[104]. Encore faut-il que cette intervention ne soit pas trop tardive pour être efficace.

L'ordinateur a été créé pour aider la science dans ses calculs, ensuite pour l'entreprise pour un meilleur rendement (gain de temps), et enfin pour les particuliers, débouchant sur la communication sur Internet. Cette tech-

---

[104] C'était le cas pendant les « trente glorieuses ».

nique a été introduite de façon universelle alors qu'elle était initialement prévue pour les seuls besoins de communication militaire aux U.S.A. Là, également, une bulle spéculative a éclaté dans les années 2000 en Bourse, due aux créations excessives d'entreprises offrant de nouveaux services informatiques. La demande au niveau des particuliers n'était pas connue initialement, mais, figurant parmi les besoins fondamentaux de l'homme, la communication[105] devait naturellement reprendre une place importante, après la crise de surinvestissements. On l'observe actuellement avec le e-commerce qui se développe rapidement.

La crise des « subprimes », a commencé en Floride. C'est en 2007, que des populations à faibles revenus se sont surendettées dangereusement, alléchées par les propositions des banques pour des achats immobiliers, jusqu'à ne plus pouvoir faire face à leurs remboursements mal anticipés, aussi bien de leur fait que de la part de ces banques. Les responsabilités ont été partagées. L'effet secondaire imprévu, suivant la stratégie de l'offre, est venu des défaillances des emprunteurs qui se sont cumulées à grande échelle. Bien que quelques rares économistes aient entrevu la catastrophe, les forces monétaires en mouvements, qui étaient en jeu dans ce secteur immobilier, ont atteint leur niveau critique avant qu'on ait pu les contenir. Ce n'est pas par hasard que cela s'est produit dans un pays où la circulation monétaire est considérable. Des mouvements de fonds de grande ampleur ne sont plus autocontrôlés lorsqu'ils ont fonctionné depuis un certain temps sur une pente ascendante.

---

[105] Le besoin d'expression a été décelé il y a 300.000 ans, dès l'apparition de l'homo erectus : trace sur un coquillage (Science et Avenir décembre 2014)

Crise des investissements

Le phénomène de baisse des investissements sur des produits durables comme l'immobilier, s'est propagé alors à tous les prêteurs arrêtés dans leur élan, avec ce que cela suppose de déconnection de la masse monétaire en cours, ralentissant la production, entraînant les faillites d'entreprises, suivies évidement des pertes d'emploi. Le schéma (figure 3) de production correspondant, diminue la cohésion du système global. Notamment l'adhérence pris dans le sens psychologique de confiance diminue, ce qui désamorce la force du système.

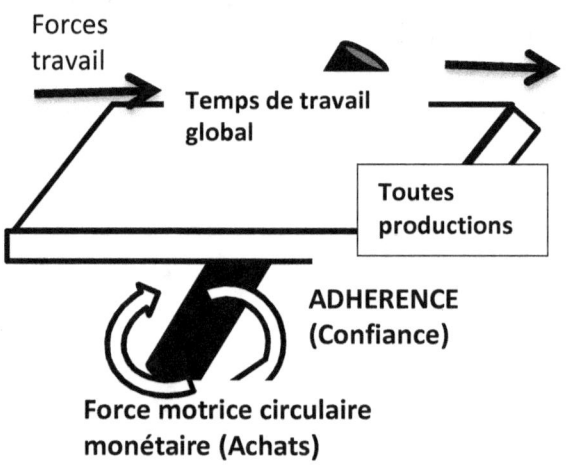

Figure 3

Variation de l'emploi selon l'adhérence (confiance) entre force monétaire et force de travail.
(Pondérée par la productivité et le solde du commerce extérieur)

Les crises sont donc toujours des crises systémiques, qui commencent ou finissent par des crises financières : pertes d'actifs, de liquidités. En cas de déséquilibre, avant toute autre intervention pour y remédier, il faut rétablir cette confiance. Seule façon d'encourager les investissements. Ce que d'ailleurs F.D. Roosevelt a réussi en partie à faire après la crise de 1929, sur les conseils de J.M.Keynes[106]. Un chômage en progression est un signe défavorable aux yeux de toutes les parties prenantes. Il a fallu beaucoup de persuasion de la part de F.D.Roosevelt pour en rétablir la confiance et relancer l'activité,

La puissance prédatrice de la finance

Le progrès de la technologie est donc un évènement, une force permanente qui peut modifier le fonctionnement des systèmes économiques. Le cas le plus fréquent est celui de la saturation de la demande[107], qui se termine en perte de liquidités donc en crise financière.

Trop de richesses mal réparties, l'insuffisance de liquidités, la déflation, comme cela a été le cas parmi certains pays de l'U.E, peuvent être l'origine d'autres crises. La décroissance, ou la faible croissance, est la conséquence de la volonté, de la part des dirigeants, de diminuer l'inflation, jugée trop importante, notamment à la fin de la période des « trente glorieuses » en France – inflation inévitable car

---

[106] Le « New deal » de Roosevelt a en partie porté ses fruits, grâce à la persuasion exceptionnelle de ce dernier qui a rassuré le pays. Il a redonné confiance aux investisseurs dans la capacité du pays à retrouver la dynamique de la croissance. Il faut ajouter, toutefois, que les investissements dans le réarmement, pour faire face à celui de l'Allemagne, y a contribué.
[107] La plupart des produits ont une durée de vie variable (courbe en cloche), impossible à prévoir.

toujours liée mécaniquement à la croissance de la demande[108]. Ceci pour éviter la tendance à la perte de valeur monétaire des possédants, dont les prêteurs, qui craignent, comme on l'a vu, d'en subir, le plus, les conséquences à terme. Le lobby financier a réussi à influencer les dirigeants dans ce sens.

Parmi les rares économistes américains qui ont prévu la dernière crise des « subprimes », aucun n'a prédit le moment où elle éclaterait. Pour en comprendre la raison, il suffit de se reporter aux premiers chapitres traitant de l'origine des marchés. En effet, la circulation de l'argent, a, comme tout flux, une composante qui est le temps de déplacement. Lequel dépend évidemment des forces qui animent ces flux. Or ceux-ci ont des sous-systèmes extrêmement nombreux et divers. Ils s'agrègent en catégories selon leur origine, producteurs, intermédiaires, services, etc., pour former de très grandes forces, toutes différentes, évoluant dans un sens qui leur est propre. Les acteurs qui propulsent ces forces vers l'activité générale, les réunissent parfois, vont faire faire éclater une bulle par manque de débouchés quelque part dans le réseau de « tuyauteries » monétaires. Il est impossible de l'éviter...à moins d'avoir en permanence accès à ces données, de les repérer, et d'avoir les moyens et la volonté de les réguler[109] à temps. On peut comparer cet éclatement à « l'effet papillon » bien connu. Ce repérage n'est possible, que si ce flux se distingue de

---

[108] 2% en moyenne estimée nécessaire au moment où ces lignes sont écrites, mais qu'il faudrait porter à 4% selon quelques expertes économiques.
[109] Statistiques disponibles grâce aux organismes tels que la Cour des comptes l'ISEE, Eurostat, OCDE.

l'ensemble des flux (Chapitre « Comment renverser la table, deux monnaies nationales)[110].

Depuis les dernières décennies, aucun frein, aucune soupape de sécurité n'existe pour réguler la croissance exponentielle de la masse monétaire des marchés financiers spéculatifs. Les sommes des profits spéculatifs se cumulent. Ils peuvent se transformer en richesses relativement plus stables, en rachetant des entreprises, des biens matériels, ou des actifs boursiers ou immobiliers. Mais ces liquidités peuvent former des bulles à nouveau prêtes à éclater dans un marché de valeurs toujours en mouvement. Dans les années 2000, la moyenne du profit a pu atteindre 15 % pour les actionnaires des grandes entreprises [111].

Chaque organisme financier, malgré les faibles écarts des taux de rendement (chaque intermédiaire prenant une part, notamment les assurances), se lance dans des achats de très courts termes dans une course quasi instantanée, grâce aux ordinateurs, pour un meilleur rendement des taux d'intérêt[112]. Toutefois la volatilité de ces échanges rend la masse monétaire difficile à contrôler.

L'erreur, la faute, des décideurs de la finance comme des dirigeants des grandes entreprises, a été de croire que cette tendance à l'utilisation systématique de l'offre de crédit pourrait se poursuivre indéfiniment sans qu'une bulle éclate, - aboutissement quelquefois prévu par

---

[110] Lors de la crise de 1929, le flux financier a été distingué par le « Glass Steaguall act » du flux des comptes courants
[111] Ce niveau de profits est exigé des opérations boursières. Isabelle Pivert (Le monde diplomatique, mars 2009) : la religion des quinze pourcents.
[112] Garanties liées désormais aux notes des agences de notation.

des Cassandre de l'Economie, dont J.Stiglitz - issue de l'accumulation d'effets secondaires, plus que celle de la demande. La trappe s'ouvre alors sous la masse monétaire financière devenue trop lourde dans un secteur. Les régulations, aux excès spéculatifs financiers sur le marché financier, sont inexistantes : il faudrait au moins qu'à chaque emprunt correspondent des fonds propres de prêteurs plus importants que les 8 ou 10% dérisoires actuels[113], de façon que cela n'entraîne, en cas de crise, que la disparition de leurs propres actifs en réserve, contrôlant peut-être l'effet boule de neige pour les autres banques du réseau. Jouant cette fois avec leur propre argent les opérateurs seraient plus prudents…pendant un certain temps.

D'après Paul Krugman[114], les crises surviennent en général où et quand on ne les attend pas et de toute façon avec une ampleur incontrôlable. Ce qui s'explique par le fait que dans les flux de monnaies de toutes origines, tout se rencontre, tout s'échange, à une vitesse telle qu'il est impossible à repérer les actifs en cours d'accumulation, donc de faire le moindre pronostic sérieux sur une éventuelle explosion au niveau mondial. De systèmes en sous-systèmes, pays par pays, les inter-réactions sont très complexes, aussi difficiles à connaître, quelques mois à l'avance, que les prévisions météorologiques.

Les quelques barrages bancaires aux mouvements de capitaux qui subsistaient, ont été progressivement supprimés avec la mondialisation, dès les années 80, suivant en cela les recommandations des traités européens. Mais, se sont probablement dit les décideurs et profiteurs

---

[113] Règles dites de Bâle III, organisme directeur des banques.
[114] Prix « Nobel » d'économie (2009),

de la finance internationale, nous serons peut-être épargnés. Sous-entendant, que leur rôle étant indispensable, ils seront toujours secourus, par les pouvoirs publics qui sont de plus en plus dépendants du système. Ce qui n'est vrai qu'en partie, car, du moins aux U.S.A, on commence à exiger plus de transparence de fonctionnement, et cet Etat, comme la Grande-Bretagne, n'a pas hésité à nationaliser une banque pour arrêter l'hémorragie financière en 2008. Avec ce que cela suppose de répercussions sur la population et les entreprises : leurs compensations seront intégrées automatiquement dans leur déficit.

Avant la crise des « subprimes », J.Stiglitz a suggéré de placer les fonds souverains dans une « réserve », servant de cantonnement aux excès de liquidités[115]. Cette technique ne serait possible que s'il était possible (Chapitre « Renverser la table, de distinguer la « bonne » monnaie, celle qui transporte les biens de la « mauvaise » qui spécule sur son auto-enrichissement. Paul Krugman[116], n'apporte, lui, aucune réponse technique aux dérèglements. Comme le disent certains économistes, il y a bien des signes avant-coureurs qui permettent de tirer la sonnette d'alarme, mais en vain : non seulement l'apparition d'une bulle est difficile à connaître, mais chacun espère pouvoir être à l'abri... Frédéric Lordon, provocateur, propose dans « Pourquoi il faut fermer les Bourses » [117] de freiner la spéculation internationale. Où l'on reparle également de taxer les mouvements de capitaux, comme l'a préconisé Attac [118]depuis des

---

[115] C'est quelques fois le cas actuellement quand des banques placent leur argent en le « prêtant » à la France sans intérêt.
[116] Egalement prix « Nobel » économique.
[117] Le Monde diplomatique mars 2010
[118] Association pour la taxation des transactions financières et l'aide aux citoyens

années. Destinée a priori par les promoteurs de cette idée, à freiner les flux financiers spéculatifs, la Taxe sur les Transactions Financières (TTF) risque d'être récupérée et réorientées vers une simple ressource budgétaire supplémentaire, sans l'option freinage. Le dilemme étant : trop freiner ces mouvements risque d'éloigner les financiers, « normaux », dont le pays a pourtant besoin (investissements). Ou alors faire monter les taux d'intérêt, pour compenser la perte subie par les prêteurs. Où l'on voit que la dynamique monétariste rend difficile la régulation économique.

La libération internationale des mouvements de capitaux pouvait se justifier pour faciliter les *échanges commerciaux* (le laisser-faire) [119] dans l'intérêt réciproque des entreprises et des pays. Les détenteurs de capitaux purement financiers se sont empressés de se lancer dans la brèche ouverte par les traités européens pour les faire fructifier partout dans le monde. Le dogme du « Consensus de Washington »[120], bien qu'il soit contesté par les alter-économistes, a renforcé cette tendance. Si l'on continue à maintenir ce scénario orienté uniquement sur la stratégie de l'offre, sans contrôle étatique, on risque un séisme encore plus violent que la dernière crise. Selon certains, il serait suivi de la suppression des libertés, instaurant un Etat quasi totalitaire, pour réprimer les violences sociales qui surviendront. C'est l'une des raisons qui font dire qu'il est

---

[119] Libérer les échanges de marchandises entraîne la prospérité. Principe qui a émergé au 17e siècle (Adam Smith), et suivi par d'autres libéraux tels que Turgot.
[120] Doctrine de quelques économistes américains, dont John Williamson, des années 80 qui ne jurent que par le marché (dit autorégulé) libre et non faussé. L'Etat n'étant pas une entreprise, ne doit pas intervenir, tout devant être privatisé. Y compris la protection des individus.

temps de mettre des obstacles au libéralisme débridé[121], devenu violent à force de fonctionner.

Sur les marchés financiers, il n'y a plus ce frein naturel du rythme relativement lent de la force du « travail », établi sur un socle travail-temps propre à l'autofinancement de l'entreprise. Les investissements dans la production ont été oubliés parce que leur rentabilité était trop lente trop faible comparée à ceux du capitalisme boursier, argent facile, bien que risqué. Son nouvel usage a laissé trop de place au temps court, variable difficile à maîtriser autrement que par des algorithmes. Le temps, composante du travail originel, présent dans les plus-values monétaires sur le marché de production, se détache de celles-ci, au profit du rendement rapide des propriétaires des grandes entreprises cotées en Bourse..

Crise de la dette souveraine
La crise dite de la dette, est, le plus souvent, la conséquence de l'austérité décrétée il y a quelques décennies. On connaît peu les échéances des créances des banques et autres organismes prêteurs envers les Etats. Ceux-ci en subissent indirectement les conséquences par la baisse des rentrées fiscales.

Actuellement pour essayer de maintenir un niveau de croissance économique acceptable, les banques centrales sont contraintes de diminuer les taux d'intérêts, jusqu'à les faire descendre à un niveau proche de zéro. Avec pour objectif la reconstitution de la masse monétaire encore par le crédit, mais à condition qu'il y ait en face un

---

[121] Au moment où ces lignes sont écrites, des membres éminents du FMI tirent la sonnette d'alarme en dénonçant ses excès. Mais sans donner de solutions.

accès intéressant, tel que le prêt aux Etats. La BCE a été obligée d'accentuer une baisse des taux d'intérêt pour laisser un minimum de place aux investisseurs. Alors qu'elle était censée ne pas répondre à des pressions d'ordre politique, elle a dû faire face à une situation de crise. Ce qui confirme que cet instrument dont on a limité le rôle dans l'économie ne peut plus rester que technique. Tout faire pour éviter l'augmentation des salaires réels n'est pas neutre : il a pour but essentiel de protéger la rente et non, comme l'a pourtant affirmé son ancien directeur, protéger les masses populaires des pertes de pouvoir d'achat systématiques, voulues non compensables. Pour éviter l'emballement inflationniste en Allemagne des années 1930, qui fut une exception due à un dépassement de seuil de masse monétaire encore contrôlable [122].

Crise de la dette souveraine

La crise dite de la dette, est, le plus souvent, la conséquence de l'austérité décrétée il y a quelques décennies. On connaît peu les échéances des créances des banques et autres organismes prêteurs envers les Etats. Ceux-ci en subissent indirectement les conséquences par la baisse des rentrées fiscales.

Un excès de l'offre, qui ne serait pas en phase avec un pouvoir d'achat suffisant, peut déclencher une crise par surproduction. Ce manque de débouchés est quelques fois signalé comme ayant été à l'origine de la crise de 1929. La production aux U.S.A avait été considérablement augmentée à cause d'une motorisation de la production agricole et

---

[122] Contrecoup de l'importance des indemnités de guerre dues aux alliés.

industrielle, notamment par les tracteurs. Le dernier cas, qui lui ressemble, est celui de la crise des « subprimes » de 2008, la surproduction immobilière ayant entraîné un déphasage entre production demandée et pouvoir d'achat insuffisants, donc de défauts de remboursements Dans tous les cas, quelle qu'en soit l'origine, matérielle ou financière, pour éviter les crises, la circulation monétaire doit être régulière. Pour cela il faut au moins maintenir un équilibre entre le volume des masses monétaires qui nourrissent l'activité économique, c'est-à-dire le salariat, l'Etat, et la finance. Tout manque de liquidités doit être aussitôt compensé pour éviter ce déséquilibre.

On en déduit qu'un défaut d'allocations de la part de l'Etat (rigueur budgétaire), une baisse de la masse monétaire salariale (chômage), une réticence de la part des prêteurs à injecter des liquidités sera source de décroissance. La pression pour diminuer les dépenses, autrement dit l'austérité, enchaîne la baisse de la croissance dans un cercle vicieux de tendance déflationniste. Le capitalisme financier pourra alors acheter à bas prix entreprises, immeubles et même services publics, qui reprendront de la valeur par la réinjection des liquidités après ces opérations. Ce cas a été parfaitement flagrant lors du coup d'Etat du Chili (Naomi Klein : « La stratégie du choc »). Il a été question en Grèce au moment où ces lignes sont écrites de privatiser l'entreprise nationale des chemins de fer. Le port du Pirée, et des aéroports bénéficiaires, ont été cédés par l'Etat à la Chine. Ce type de bras de fer a eu lieu en Argentine il y a une décennie, mais celle-ci a résisté, difficilement mais victorieusement, à la pression bancaire en se refermant sur elle-même, ne pouvant compter que sur ses propres ressources.

Les entreprises exsangues ne pourront que se vendre aux grandes entreprises, celles, le plus souvent internationales, que leur puissance financière permettra ainsi d'accroître leur capital patrimonial.

La source de la puissance des entreprises vient de la propriété des outils de développement. Leurs actions monétarisées, ainsi que les taux d'intérêts qui lui sont liés, nous ont fait comprendre leur rôle dans les flux financiers (Figure 1). Si la stratégie de l'offre est devenue indispensable comme force d'appoint du système économique en mouvement, il ne faut pas négliger celle de la demande. Chacun des deux systèmes, produisent des effets secondaires, usure et déchets, car ils concourent ensemble à l'augmentation de l'activité générale. Les propriétaires de l'outil de production s'arrangent pour prendre au passage ces plus-values qui représentent parfois une part importante de ces richesses.

Ces détournements dans la redistribution des richesses, qui sont happés par la « force centrifuge », ralentissent l'activité générale. Les crises et le chômage peuvent s'installer puisque la production diminue en attendant un retour vers un pouvoir d'achat tout juste suffisant[123]. Et si le chômage s'installe, celui-là diminue, dans un cercle vicieux prédateur, difficile à rompre. Le détournement de

---

[123] Il y a deux spéculations, celle qui n'a pour but que l'augmentation de la force de production, et celle qui n'a pour but que d'augmenter la puissance d'achats de certains, qui devient prédatrice de ce seul fait. Les financiers apportent un supplément de « pouvoir d'achat » apparent par le crédit. Mais ce système – outil surpuissant entièrement dû au gain de temps - est variable, et peut même être source de catastrophe si le pouvoir d'achat des emprunteurs est trop faible pour apporter des remboursements fiables. Voir la crise des « subprimes ».

fonds ainsi capitalisés, ajouté aux gains de productivité est à l'origine du chômage de masse. Ce sont les détenteurs de capitaux qui en sont toujours responsables[124].

L'évaluation des biens n'est considérée comme valide depuis la création de l'argent, que par habitude. Ce qui explique la prédation de l'argent accumulé en capitalisme financier devenu plus puissant que le capitalisme productif. De plus en plus éloigné de la valeur travail, il n'a pas de limites à son expansion. La cause de cette irrationalité, la dangerosité mortifère des crises à répétition pour les sociétés humaines fondées sur les marchés libres, provient de l'immatérialité des valeurs monétaires. La valeur travail devient proportionnellement de plus en plus faible, par rapport l'argent purement financier.

La plupart des aides de l'Etat aux entreprises se transforment en effet d'aubaine, inefficace pour le développement, parce que ces incitations ne répondent pas à la satisfaction des besoins réels des acheteurs. L'effet de levier du réemploi de l'argent dans l'entreprise n'est pas garanti. C'est le risque du système libéral, qui, en cas de mauvais investissements, finit par reporter les mauvais résultats sur l'entreprise, donc sur l'emploi en dernier ressort. Où l'on voit que la richesse produite par le « surtravail » est déviée par les intermédiaires devenues indispensables, que sont les banques privées. Cette richesse est revitalisée et dispersée dans un système sans fin dicté par la compétition entre les grandes entreprises sur les marchés libres. Richesse monétaire déviante qui traduit la perversité

---

[124] La concurrence et la cupidité dénoncées par J.Stieglitz (Le triomphe de la cupidité –Acte sud)

du système : on peut donc s'enrichir sans travailler[125]. Ce que les économistes dits pragmatiques, considèrent comme normal et naturel. Mais le normal dans la nature est une jungle. On explique ainsi que la concurrence entre les entreprises peut être faussée par le seul apport d'argent, les plus puissantes absorbent les « outils » humains et matériels des plus faibles.

POLITIQUE DE L'ECONOMIE

(Le monétarisme, par son mouvement permanent production de, accentue la puissance de l'argent prédateur)

L'homme sait utiliser son outil naturel : l'intelligence. C'est grâce à ce moyen d'auto défense, que, particulièrement vulnérable dans la nature, il a pu éviter sa disparition rapide sur une Terre hostile. Sommes-nous à un tournant de ce type ? La prise de conscience de ce risque pourra-t-elle lui éviter, à terme, les conséquences, au fond toujours permanentes, mais plus ou moins sensibles, des effets prédateurs du libéralisme ultra-marchandisé ? De nombreux dirigeants et économistes, attachés à la comptabilité dite rationnelle parce que chiffrée, sont aveuglés parce qu'ils tirent parti, pour eux-mêmes, de l'inégalité des redistributions des richesses. Les dirigeants économistes (humanitaires) du système politique, pourront-ils montrer comment reprendre la main, en modifier certains paramètres et le rediriger dans un sens moins dramatique ?

---

[125] Il faudrait euthanasier les rentiers a dit J.M Keynes. Même en faisant la part de l'humour, l'outrance de la formule explique peut-être pourquoi ce grand économiste n'a pas eu le prix « Nobel ». Au moins Il faudrait-il seulement les anesthésier, c'est-à-dire réguler, freiner la tendance à la financiarisation exponentielle de l'activité, de façon à favoriser le travail.

On a vu que tout outil est un système qui sert à modifier un état en engendrant toujours au moins un effet secondaire imprévisible. L'argent-outil est à la fois source de développement de l'humanité, et, indirectement, responsable des horreurs historiques – souvent guerres de conquête de territoires - que l'on connaît. Reconnaissant l'importance du fonctionnement libre du système monétaire, la doctrine monétariste de l'Ecole d'Economie de Chicago, estime qu'il ne doit pas être contrôlé, quels que soient les inconvénients que la loi des marchés libérés implique.

L'offre de production matérielle est de moins en moins importante au regard des productions immatérielles. Dans ces conditions, peu importe si la croissance est infinie, puisque c'est *la création monétaire et sa rotation qui créée de nouvelles richesses monétaires par auto-croissance de celles-ci* [126]. Le plein emploi pourrait être assuré à terme, si l'Etat dirigeait les flux monétaires à bon escient. Il faut qu'il y ait, face à la production, une masse d'actes d'achats suffisants. L'offre de production, en général, suppose un pouvoir d'achat global de la population parfaitement synchronisé, en phase avec cette offre. Il faut insister sur ce point crucial : ce n'est certainement pas l'entreprise qui est à l'origine de la croissance, ni de la création d'emplois, mais le « consommateur », l'acheteur dans tous ses états, avec toutefois une consommation plus ou moins bien dirigée par l'acteur entreprise. Ce que l'Etat peut également faire, par le contrôle des échanges.

---

[126] L'Islande avait atteint un très haut niveau de vie individuel, avec une production matérielle faible, mais intellectuelle forte.

Si l'Etat garantit bien la valeur de la monnaie interne, quand il bat lui-même sa propre monnaie, il n'évite pas les effets pervers du système dans un monde libéral. *On comprend que, dépassant un seuil critique, le déséquilibre entre le capitalisme financier, non régulé en France depuis la privatisation bancaire et celui du capitalisme productif, soit devenu pernicieux, au détriment de l'investissement. L'Etat aurait les moyens légaux de le faire si, comme on va le voir (ch. Comment renverser la table), il renationalisait au moins une grande banque* [127].

La monnaie est un système qui comme tel ne peut s'auto-rééquilibrer qu'après avoir réintroduit de nouvelles forces compensant les pertes de masses monétaires dues aux crises. Pour éviter les risques d'explosions, il faut que les flux monétaires continuent à circuler, en progression modérée, mais permanente. L'activité continue, et fait fonctionner le pays, mais au ralenti, si ces liquidités ne sont que des simples et légères compensations. Ce qui revient à dire que, si on laisse faire, on risque toujours des infarctus économiques.

Et l'emploi ?
Nous avons effleuré, à plusieurs reprises, les relations entre la dynamique monétaire et l'emploi. De nouvelles productions qui se perfectionnent, modernisent en permanence les sociétés, nécessitent une gestion administrative privée ou publique assurée par des salariés. En augmentation permanente le traitement des grandes quantités d'informations consécutives au progrès, la rend de plus en plus complexe : surveillance, contrôles spécifiques sont

---

[127] Sur le site « www.voixcitoyennes.fr » un sondage montre 90% de résultats en faveur de nationalisations des banques.

indispensables pour toute nouvelle organisation qui, bien que de façon peu sensible, change ainsi de qualité. Tout système, perméable à son environnement, doit s'y adapter. Quelquefois des informations, des données imprévues échappent aux automatismes des systèmes. D'où les dysfonctionnements prévisibles et les hommes nécessaires pour les corriger et inventer de nouveaux programmes de vie. On peut imaginer, sinon prédire, que des agents spécialisés se formeront pour gérer la nouvelle complexité du monde due au numérique. Dans tous les domaines privés et publics pour gérer le quotidien, l'activité est de plus en plus complexifié par l'extension du numérique. C'est la compensation que le système génère depuis sa naissance. Tous les effets secondaires cumulés, sont sources de problèmes du système en mouvement : diversification des « actes d'achats » de la population. Il sera de plus en plus nécessaire de trouver des spécialistes capables d'aider à leur gestion au quotidien. Ce qui obligera à embaucher dans le privé davantage d'administrateurs d'entreprises, et dans le public davantage de fonctionnaires municipaux et nationaux ne serait-ce que pour appliquer les lois et règlements qui sont de plus en plus nombreux pour répondre à cette complexité[128]. La monnaie circulante, qui a fait transiter les biens matériels pendant des siècles, continuera à chiffrer tout type de valeurs qui proviennent du travail humain, même si ces évaluations, dans un système non capitaliste, sont artificielles (voir le chapitre « Post marxisme ». Même s'il s'agit plus d'occupations que d'efforts physiques. Il faudra la gérer également.

J.M. Keynes, dès le titre de son livre clé, a lié trois systèmes, trois notions économiques fondamentales qui

---

[128] Plus d'un millier par an.

correspondent à ce que nous avons avancé à plusieurs reprises.[129]. Il insiste en particulier sur les effets marginaux du monétarisme qui correspond, tous comptes faits, à l'effet du taux d'intérêt dû à l'offre de crédit, un pourcentage donc, sur le cours de la monnaie. Ce qui est en partie repris, ici, comme un déviant du fonctionnement du système principal. Il a comparé le niveau des taux d'intérêt quand la monnaie est investie dans la production, avec celui de la monnaie investie en elle-même, c'est-à-dire dans la finance. Il a pu ainsi en déduire que le chômage avait une tendance à augmenter quand le rendement final du capital financier était supérieur au capital productif de l'ensemble des entreprises. D'où l'importance du rôle des investissements, y compris ceux de l'Etat, pour l'éviter.

Ces relations entre ces systèmes, introduisent logiquement des phénomènes psychologiques de réticence aux investissements, dus au manque de *confiance* entre l'ensemble des populations et les chefs d'entreprises : les propensions à acheter varient en moins dès que les crises surviennent. Faisant varier également « l'aléa moral »[130], la propension à la spéculation de ceux qui ont le pouvoir financier d'agir dans le domaine productif. Elle les fait basculer dans le domaine financier dont le rendement, devient alors, plus attractif. Ce sont ces forces qui, étant à l'origine de l'activité économique, vont ou non, selon leur importance, diminuer les résultats de ces systèmes. Plus ou

---

[129] L'emploi, la finance et l'intérêt. Bien que le mot Etat ne soit pas présent dans ce titre, il en est question dans son analyse. C'était à l'époque où Einstein – est-ce un hasard ? - de son côté, théorisait les relativités restreinte et générale dans le monde de la physique cosmique.
[130] La traduction de « risque »à cause du mot « moral » introduit une certaine confusion en français. Il faudrait plutôt parler de « manque de confiance », ou « d'incertitude humaine ».

moins d'activité équivaut à plus ou moins de chômage si les tendances perdurent, comme pour confirmer que les effets pervers des systèmes, ne se produisent qu'à moyen ou long terme.

Une forte adhérence entre les deux systèmes, la *confiance*, ce maître mot présent en filigrane, visible sur les schémas des figures 2 et 3, de la réalité économique, ne se maîtrise pas de façon permanente. Elle s'inspire, à partir de faits avérés, préalables aux décisions des parties les plus concernées, la population des acheteurs et l'Entreprise. Ceci malgré la volonté affichée des dirigeants attachés normalement à la croissance, censée satisfaire l'ensemble de ces deux entités. En physique dynamique on sait qu'un plan est posé sur un cylindre (fig.3), penche et fait tomber un objet posé sur lui en équilibre (instable), dès que sa vitesse augmente ou baisse brusquement. Le cylindre a tendance à patiner, glisser, sans entraîner ce plan : c'est-à-dire, ici, l'emploi généré par la production. Cette logique physique est un phénomène transposable en système économique qui, comme on sait, est aussi régi par des forces en équilibre. La tendance à glisser, si l'adhérence entre les deux systèmes est faible, entraîne une baisse de confiance réciproque. D'où la baisse de production inévitable et le chômage structurel évoqués plus haut.

L'intérêt lié à la monnaie, agit négativement par contrecoup sur l'emploi déjà spolié par la plus-value, en taxant la valeur travail. La stratégie de l'offre favorise l'activité dans un premier temps. Mais la banque est une entreprise intermédiaire, qui la freine en même temps en ponctionnant le pouvoir d'achat par la rente. Les masses monétaires de la rente et celle du salariat sont des systèmes antinomiques, dont les objectifs sont connus : minimiser le salariat pour les premiers, tout en remplaçant son manque à gagner par une valeur récupérée à terme par le prêteur. Le salarié voudrait augmenter son pouvoir d'achat réel, immédiatement, qu'il n'en aurait pas les moyens[131]. *C'est l'exploitation de ce décalage dans le temps, qui bien calculé, donne cette possibilité aux entreprises et aux banques.*

COMMENT RENVERSER LA TABLE

Il faudra obligatoirement commencer par inverser les prémisses du système actuel qui privilégie depuis des décennies et avant toutes autres aides, celles accordées à l'entreprise pour, soi-disant, favoriser l'emploi. En partant des résultats comptables, comme seule preuve de validité d'un processus, en les interprétant avec une logique apparente, les responsables politiques depuis l'abandon du Keynésianisme, ont introduit un sophisme coupable de complicité prédatrice du capitalisme. L'autre logique, celle qui a été suivie depuis le début de cet ouvrage, est au contraire, de favoriser en priorité l'ensemble des acheteurs, dont la majorité sont des salariés, pour propulser l'activité et obtenir des résultats grâce au travail. Ce qui a été la règle depuis toujours, jusqu'à sa financiarisation.

L'activité d'un pays doit être dirigée, en faveur de l'emploi comme force de travail de l'activité générale, qu'elle qu'en soit la forme. Il suffit de maîtriser le cheminement redistributif de cette force productive pour contrôler l'activité, donc la croissance, donc l'emploi. Actuellement, pour de nombreux pays, l'activité des marchés aug-

---

[131] Sauf en période de forte croissance, pendent laquelle les besoins en main d'œuvre exercent une forte pression à l'embauche. Cas des trente glorieuses. Ou sous la pression de grandes grèves comme en 1968.

mente sur le long terme (croissance du PIB et PEB (Produit extérieur brut), sans qu'elle soit nécessairement suivie proportionnellement par une augmentation immédiate du nombre des travailleurs productifs. Le ralentissement provient du remplacement d'une partie de cette force de travail par de nouveaux outils et automatismes, qui augmentent la productivité (fig.3). Il est impossible de connaître quand aura lieu le rattrapage par une nouvelle production induite, mais on peut dire que la croissance, dans un cycle permanent, à plus ou moins long terme, devrait revenir et finir par produire à nouveau des richesses et des emplois…quand le retard du retour sur investissements sera comblé. A condition, comme on l'a vu, qu'il n'y ait pas de freinage bancaire.

Sans attendre, l'Etat pourrait compenser les inconvénients d'un tel ralentissement, grâce à des ***investissements productifs et redistributifs*** équilibrés, notamment grâce aux aides et avantages financiers qu'il octroie à la population : allocations familiales, éducation nationale, primes et salaires des fonctionnaires. Et non comme une antienne patronale essaie, depuis des décennies, de nous le faire croire, en annonçant que ce sont seulement les entreprises qui *créent* des emplois[132]. Abus de langage car créer suppose de partir de rien, comme une génération spontanée. Alors qu'elles ne font « qu'embaucher » des hommes et femmes, capables d'utiliser les outils nécessaires à la production, sous la pression de la propension de la demande et de l'offre. La véritable source de création d'emplois, insistons sur ce fait qui, souvent, passe inaperçu,

---

[132] Lire l'article de Frédéric London, « Les entreprises ne créent pas l'emploi » (Monde diplomatique 14 mars 2014)

que c'est la demande [133] qui suscite les investissements, alors qu'en tant qu'intermédiaires les entreprises, certes devenues indispensables pour le recrutement des employés et ouvriers dans l'économie de marché, ne font que répondre aux besoins internes de satisfaire cette demande. Possédant les moyens de production, elles se sont substituées au producteur-consommateur primaire d'antan qui était son propre employeur. Ceci grâce à l'argent devenu l'outil obligatoire qu'elles manient avec habileté, en priorité pour leur propres avantages.

Ce ne sont pas les *résultats* budgétaires qui, en équilibre ou pas, sont à l'origine de l'activité, mais seulement les *dépenses, comme le montrent les vecteurs qui figurent sur nos différents schémas*. Il est donc absurde de courir après cette chimère qu'on appelle le financement des déficits qui peuvent être circonstanciels, et disparaître si les dépenses, publiques et privées, ont lancé de bons investissements qui augmenteront efficacement la production. Actuellement, les banques, chargées des comptes des producteurs et consommateurs, sont seules capables de savoir d'où vient l'argent et où il part. Comment vérifier ces comptes quand les sommes en mouvements circulaires sur les marchés prennent de plus en plus de vitesse !

La seule façon de contrôler ces mouvements, en les filtrant, serait de distinguer cette monnaie selon son origine, et sa destination, de façon à différencier son usage.

---

[133] Croissance contrôlée, de type croissance verte, et essentiellement non matérielle.

Premières mesures

Deux monnaies nationales

Dans un système en fonctionnement, le temps est l'élément qui rend un mouvement de grandes quantités d'informations difficilement contrôlables C'est donc sur d'autres paramètres, tels que l'origine et la destination des informations programmées par les acteurs possesseurs de ces valeurs, qu'il est possible de le faire, ne serait-ce que pour en canaliser une partie et le redistribuer de façon la plus pertinente possible[134]. On pourrait, alors, distinguer la valeur de la monnaie liée au travail, de celle qui dépend uniquement du système financier. Le contrôle du système néolibéral passera donc par la connaissance précise des valeurs monétaires transactionnelles en circulation. Ce qui serait possible si une monnaie était dédiée aux seuls flux financiers[135].

Puisque que la monnaie est un mouvement de valeurs et, comme telle, une force dirigée dans un but préchoisi par le possesseur-actif, l'Etat, aurait les moyens d'en modifier les directions, car, s'il fabrique, recueille et réinjecte les liquidités monétaires par le budget, il peut intervenir dans tous les processus de financement par l'intermédiaire de sa Banque centrale[136]. Son rôle, dans ce cas, devrait être de diminuer les effets prédateurs de la puissance de l'argent, en adoptant un régime sélectif de

---

[134] On pourrait alors parler, dans une certaine mesure, de « ruissellement ». Cette théorie sera toujours fausse, tant qu'il existera des intermédiaires entre les forces productives et la production finie.

[135] ... « dé-financiarisation de l'économie, ou plus précisément par le cantonnement des activités financières au financement des activités productrices ; » L'euro est-il mort ? (Edition du Rocher.)

taxations ou de bonus-malus comme il le fait en France pour l'automobile, en acceptant ou non un certain volume d'entrée de la monnaie financière dans la circulation monétaire générale, en la filtrant selon ses origines et sa destination prêts ou achats, de quoi, pour qui, dans quelle intention ?

C. Les crises de type « subprime » ne concerneraient que le monde de la finance, évitant les répercussions sociales que l'on connait. Permettre un taux de change favorable, devrait inciter les banques et les entreprises à ajouter des liquidités dans une circulation monétaire baissière qui diminue la croissance[137]. L'Etat réorienterait tout le système économique à long terme pour une croissance bien tempérée, contrairement au monétarisme libre qui engendre les prédations sociales bien connues, souffrances et suicides.

Il est donc indispensable de séparer les actions financières selon leurs aspects purement spéculatifs intempestifs, de ceux qui servent à investir pour produire plus et mieux. Cette séparation banque « d'affaires » et de « dépôt » préconisée par certains économistes est impossible à réaliser techniquement sans son marquage en deux monnaies différentes. En revanche repérer et séparer ces flux déjà différenciés, par l'informatique, et arrêter ou freiner leurs mouvements selon leurs origines et destinations serait possible. Cette technique permettrait de faire progresser l'activité en redirigeant le résultat des forces économiques utiles vers le travail, donc au bénéfice de l'emploi en général, et l'égalitarisme.

---

[137] Plus de puissance d'achat ou de prêt pour relancer l'économie rendrait presque « vertueuse » les sommes investies

Pour la France, il faudra instituer l'Ecu comme monnaie financière spécifique, et le Franc pour la monnaie des marchés primaires.

Les flux bancaire passant d'une monnaie à l'autre seraient matérialisés et filtrés selon les nécessités du moment, comme tout échange de devises selon une parité décidée par l'Etat. Une régulation de l'économie financière qui distinguerait les deux types de mouvements de fonds financiers spéculatifs, des achats particuliers devient possible. Les échanges marchands libellés en francs restent libres comme auparavant. Seuls les flux financiers seront éventuellement « taxés » selon leur niveau, et leurs destinations par simple différence de cotation. La cote de l'écu serait, généralement, le plus souvent égale au franc. Contrôler la pression de la masse monétaire libellée en Ecu s'ajusterait à la pression de la réalité des marchés primaires. S'agissant du droit d'adapter son économie réelle, à son système social, à son Histoire, et surtout au droit élémentaire de se défendre contre les agressions financières, est un devoir élémentaire, que chaque pays pourrait adopter.

Dans un Etat qui resterait libéral, la finance privée, pourrait ainsi rester présente si l'on veut profiter de ses liquidités, avec modération, et selon les vrais besoins. Peu importe alors l'importance des capitaux accumulés par la spéculation financière dans leur propre système : ils seront cantonnés aussi longtemps que nécessaire, sans le risque de provoquer une crise financière par excès de prêts lors de leur introduction sur le marché primaire. Ou des investissements prédateurs.

Ensuite, Il faudra instaurer[138] le *fordisme « ciblé »*.[139] Le fordisme en donnant priorité au pouvoir d'achat des salariés, génèrerait une énergie importante dans le circuit monétaire, sans se soucier des déficits éventuels à venir si l'Etat compensait intégralement les nouvelles charges aux entreprises. Déficits qui se résorberaient progressivement par le rendement automatique des investissements. Le rattrapage emploi-croissance (chapitre : Et l'emploi ?) en sera d'autant plus rapide. Ces déficits budgétaires éventuels seront donc ignorés par la création monétaire régalienne, ou si nécessaire, financés par l'emprunt aux banques, tout en encadrant les taux d'intérêt. Ou encore par des grands emprunts obligatoires parfaitement ciblés. L'Etat est théoriquement en capacité d'intervenir de ces façons, à condition de ne pas être lié par des décisions économiques contraires imposés par l'U.E, influencés par les lobbys patronaux et financiers.

La seule issue à terme est la confiance en un avenir prometteur c'est-à-dire une augmentation du pouvoir d'achat, sur la durée, des classes défavorisées et moyennes car ce sont elles qui constituent le principal des acheteurs.

Donc, en priorité, redonner sa force au travail en réévaluant les bas revenus, le SMIC, les basses retraites,

---

[138] L'Etat devra intégralement compenser ces nouvelles charges aux entreprises (Quand les 35 heures ont été instaurées, l'Etat a offert des sommes compensatoires aux entreprises)

[139] Uniquement les bas revenus de façon à ce qu'il n'y ait pas dispersion des valeurs vers l'épargne. Le SMIC serait augmenté d'environ 8 à 10 % dans un premier temps, et son indexation permanente sur l'inflation augmentée régulièrement d'un niveau légèrement supérieur à l'indice officiel. Il faut en effet tenir compte de la période annuelle inflationniste pendant laquelle les revenus n'ont pas changés nominalement. Cette mesure de probité économique devrait être inscrite dans la Constitution.

assorti de l'engagement de compenser réellement l'inflation permanente par une indexation bien calculée[140].

Il est difficile de ne pas mettre en cause ici, les responsables, quelques soient leur appartenance politique, qui pensent qu'augmenter les bas revenus, augmenter les allocations diverses à la population la plus démunie, est une mesure purement humanitaire, utile pour la croissance, issue de l'Etat « providence » Ce qui pour certains inciteraient à l'inactivité, elle tend au contraire à la relancer. Certes, on peut la comprendre d'abord comme telle, mais cet ouvrage démontre que c'est également et avant tout, une mesure de pure logique de salut public[141]. Ce qui s'oppose aux économistes monétaristes anglo-saxons, les «Chicago boys», qui ont dogmatisés une pensée unique non interventionniste.

L'économie humaine est celle qui intègre l'analyse mécaniste du système économique, mais pour la contrôler. Ne voir que l'aspect chiffré de la circulation monétaire, c'est faire preuve d'autisme, coupable de transformer l'homme en une marionnette.

Autres mesures
- Encadrer le crédit pour que les taux d'intérêt n'empêchent pas les emprunts des classes défavorisées. Ce qui suppose ne plus dépendre de la BCE pour les pays de l'U.E

---

[140] Le simple rattrapage annuel, malgré quelques « coups de pouces » est généralement insuffisant.
[141] Combattre les inégalités, par le bas, étant la méthode essentielle de pour sortir des récessions. Ne pas augmenter les salaires plus élevés pour éviter la propension à la dispersion financière du prêt.

- nationaliser une ou plusieurs banques pour appliquer cette mesure.
- obliger, progressivement, les banques de ne prêter qu'avec des fonds propres significatifs en rapport avec le montant de leur encours. Principe de précaution en rapport avec les directives dictées par Bâle III[142].
- nationaliser les grandes entreprises en prise avec le service au public, celles *qui ont été privatisées sous prétexte d'éviter une concurrence dite* faussée. Eventuellement les transformer en coopératives autogestionnaires.
- remplacer, les règles de l'OMC par une charte inspirée de celle de la Havane où taux de change et quotas sont fixés paritairement dans l'intérêt réciproque des pays pauvres et des pays riches).
- instaurer le droit à indemnités (nettes et plafonnées, mais hors système salarial) pour les bénévoles des associations caritatives.
- aider les innovations écologiques pour les économies d'énergie, en taxant de plus en plus fortement la production matérielle nocive qui en est responsable.

- **supprimer progressivement la TVA** : celle-ci exerce un prélèvement fiscal uniquement sur le produit final. Donc sur l'acheteur en dernier ressort, en pénalisant plus particulièrement les bas revenus. L'entreprise ne fait que transmettre cette taxe sans la subir. Quand elle a été créée dans les années 50 c'était dans le but de permettre aux entreprises de grossir plus rapidement sans l'imposition sur leur chiffre d'affaires qu'elle a remplacé. Mais en même temps elle fait la part belle aux intermédiaires, sous-traitants. De ce fait les prix augmentaient à chaque valeur

---

[142] Ensemble de conventions qui régissent le fonctionnement bancaire international. Cette mesure devient peut-être inutile si on introduit une monnaie financière spécifique.

ajoutée par un intermédiaire qui répercute la nouvelle taxation en la facturant à l'acheteur suivant, également exonéré, jusqu'au produit fini. Les américains, sont restés sagement au système de taxation mixte, sur le chiffre d'affaires des entreprises, et également sur les produits finis, taxes locales, mais faiblement taxés. C'est pourquoi la vie est moins chère aux U.S.A. : souvent du producteur au consommateur. Ce qui n'empêche pas le grossissement des entreprises, car avec moins d'intermédiaires, il est plus rapide[143].

Si la TVA a été adoptée un peu partout dans le monde, c'était pour rendre d'abord les entreprises européennes plus performantes au lendemain de la guerre. Ce qui incidemment incitait à investir pour les plus importantes d'entre elles. Les Américains ne s'en préoccupent pas, car leurs entreprises ont été de plus en plus puissantes, avec un dollar fort qui les protégeait des entreprises étrangères. Ce système, est toutefois peu intéressant pour les petites entreprises naissantes puisque que leur chiffre d'affaires reste faible.

Que deviendrait la Bourse dans pareil contexte [144]? Évidemment le CAC 40 pourrait disparaître comme indicateur d'un potentiel économique incertain : le financement extérieur limité. Ce qui supprime pratiquement les inconvénients des mouvements erratiques qui aboutissent aux crises boursières. Les plus-values, puisqu'elles subsistent dans l'option libérale, seront cette fois réparties non seulement entre l'impôt et l'actionnaire à l'avantage habituel de ce dernier, mais taxées avec incitation à l'augmentation

---
[143] Il y a une multitude d'autoentrepreneurs, ce qui freine la montée du chômage.
[144] Avantage de toute façon de moins en moins fréquent.

des salaires internes à l'entreprise. Le partenariat, l'intéressement[145] existe déjà, mais reste insuffisant.

Toutefois, le rôle premier de la Bourse, qui était de permettre de capitaliser les sociétés, pourrait subsister puisque le marquage en écus des plus-values permet de continuer à évaluer ce marché. Le taux de change entre l'écu et le franc varierait selon les besoins de financement du marché primaire, éloignant la spéculation intempestive, pour ne garder que la « spéculation » dirigée et contrôlée sur les investissements d'Etat et d'entreprises. La Bourse disparaitrait presque, pour corroborer l'article de Frédéric Lordon[146] qui a posé la question de sa nécessité.

L'Etat jouera le rôle qui doit être le sien, protéger et réguler l'Economie sociale. Les libéraux crieront au protectionnisme, considéré souvent comme fauteur de guerres[147]. Il ne s'agit pas de protectionnisme sur les échanges mercantiles, mais financiers. Réguler, contrôler les excès c'est, au contraire, éliminer les risques d'agression.

Certes on ne supprimerait pas totalement l'option libérale, celle où les impulsions monétaires du crédit, la stratégie de l'offre, activent tous les marchés : les structures mises en place par le libéralisme seront toujours complémentaires à celle de la demande que celle-ci soit

---

[145] Suppression des avantages particulièrement indécents (retraites chapeau, etc.) ou au moins les libeller en écus pour éventuellement en abaisser la valeur au moment de l'échange en francs.
[146] (Et si on fermait la Bourse : « Le monde diplomatique – Février 2010).
[147] Ce protectionnisme qui serait dangereux au niveau international, est considéré parfois comme la cause du déclenchement de la guerre 39-45, alors que ce n'en était que l'un des prétextes de la part de Hitler (Espace vital, Mein Kampf). Il y a abus de langage.

satisfaite ou non. Mais en plaçant progressivement le curseur énergétique sur le travailleur avant l'entreprise, le système Economique actuel sera modifié. C'est la formule logique de toujours, normale, naturelle, qui est préconisée ici. Les altermondialistes espèrent pouvoir changer fondamentalement le système économique actuel à partir d'un changement politique. Effectivement une Economie (mieux) dirigée peut avoir des avantages aussi bien pour l'Ecologie que pour une population solidaire[148]. Le retour à un système économique qui a fait ses preuves, comme peuvent en témoigner ceux des générations qui ont vécu le XXe siècle, en dehors des périodes de guerre, est le seul recours contre la crise économique et les inégalités. Pour éviter d'autres crises, la stratégie de l'offre, contrôlée, et régulée par un rééquilibrage économique différent, est capable d'entamer une nouvelle croissance, susceptible d'aller vers le plein emploi.

CROISSANCE ET PROGRES

Il faut donc revenir à une Economie naturelle, où les citoyens reprendraient l'initiative, où le travail serait à nouveau reconnu, au moins financièrement, en toute légitimité et en tout logique.

La répartition des richesses se fait à partir des plus-values de production. Tant que le rôle de l'homme n'a pas été totalement remplacé dans l'Economie libérale par la

---

[148] Le keynésianisme est repoussé par Michel Onfray, car considéré comme un réformisme simple, un libéralisme de gauche. Ce qui a pu effectivement être le cas jusqu'aux années 70. Pourtant c'est au nom du pragmatisme qu'il préconise le proudhonisme, l'émancipation civile, fondée en grande partie sur l'autogestion, économique citoyenne. Ce système politique prendrait le pas sur l'hégémonisme ultralibéral.

machine, celle-ci est inégalitaire. Dans ce cas, les augmentations de production, matérielles et spirituelles, devraient être suivies par une augmentation infinie du nombre des outils (effet boomerang) pour répondre à *de nouvelles formes de besoins humains.* Dans la mesure où la satisfaction des besoins de nourriture peut être considérée, dans les pays occidentaux comme arrivés à saturation, c'est sur la satisfaction de besoins de protection, et celle de besoins spirituels que des progrès seront toujours possibles. « L'a-croissance » préconisée par certains écologistes ne peut donc porter que sur les excès de consommation matérielle. Son éventuelle généralisation, qui arrêterait et ferait stagner le PIB ne peut qu'accentuer la baisse d'activité donc le chômage. Répartir la production en baissant le temps de travail de façon uniforme ne peut être efficace dans une période où déjà elle stagne, où le travail manque. C'est une fois de plus un sophisme qui consiste à prendre les résultats chiffrés nuls ou négatifs de mouvements, comme prémisses, puis les renverser. Dans une période d'activité croissante, la baisse du temps de travail viendrait naturellement, comme cela a toujours été le cas.

Tous les problèmes du système économique libéral actuel viennent du fait que l'argent, dématérialisé par sa représentation écrite sous forme de billets, après l'essai raté des assignats, est devenu presque entièrement scriptural dans des comptes bancaires. Il est dégagé de la constance et consistance que lui donnait son poids métallique. Le système monétaire cyclique fonctionne en permanence impulsée par la création monétaire inflationniste ou non. La progression quasi fulgurante des masses monétaires scripturales en circulation, vient du fait que rien, sauf les crises, ne le ralentit. L'argent est devenu quasi autonome dans le système économique : il se perpétue, portant initié par la force du travail, quelle qu'en soit la forme physique ou intellectuelle, mais toujours amplifiée par son propre fonctionnement. Certes la puissance intrinsèque de l'argent existait du temps où il était représenté uniquement matériellement, mais les excédents de la richesse produite n'augmentaient que progressivement à une échelle réduite par la durée des transactions et de transports lents et difficiles. Les banques, intermédiaires comptables avisés, sont devenus un rouage incontournable dans la circulation de cette masse monétaire. Le risque change de forme : on ne peut garantir sa transmission parfaite et définitive en toutes circonstances[149] en donnant priorité aux entreprises et à la finance.

Epilogue ? Fin de l'Histoire ?

La politique économique sociale et solidaire.
On a vu que l'effet pervers du système argent libéré apparait dans le domaine purement social aussi bien pour le développement bénéfique (investissements) que pour ses prédations. Est-ce inéluctablement la rançon du progrès ?

S'il est possible de connaître le coût des valeurs immatérielles produites, il est impossible de chiffrer la satisfaction apportée à la population, parce qu'elle est, par définition, totalement subjectivée. Ce type de besoins à satisfaire est infini comme est l'imagination des producteurs qui les récupèrent pour les traiter. Les valeurs des services comptabilisés dans le PIB, complètent de plus en plus le chiffre de la production des biens matériels qui eux

---

[149] Un « bug » inexpliqué est arrivé en Bourse il y a peu, avec des conséquences aussi dangereuses qu'une crise étant donné les sommes en cause.

augmentent peu ou stagnent. Au besoin de protection matérielle, l'habit par exemple, qui progresse grâce à la mode, il faut ajouter les soins à la personne. Dans le besoin de communication tel que le transport physique figure aussi le besoin de transmettre des valeurs sociales communes universelles. L'homme est un animal qui s'exprime pour vivre en société.

Satisfaire et transmettre ces besoins spirituels a un prix. Le volume de la masse monétaire ainsi générée augmente inéluctablement et tend à prendre le relais des productions matérielles qui arrivent à des niveaux excessifs dans nos pays occidentaux. La croissance en rend compte et devrait mécaniquement contribuer à créer des emplois nouveaux. Dans ce cas elle doit être toujours favorisée. Cette monnaie n'a pas besoin de beaucoup de ressources énergétiques naturelles. S'agissant de valeurs spirituelles, elle est pratiquement sans effets pervers sur l'environnement.

La stratégie de l'offre est celle de l'incitation à satisfaire les besoins essentiels de la population, mais déclinés sous des formes diverses, perfectionnées, de façon à en augmenter la valeur, les plus-values. Les envies secondaires qui en sont issues, sont considérées comme étant susceptibles importantes d'augmenter la satisfaction dans la majeure partie de la population. Nous l'avons évoquée en admettant que le modernisme ainsi apporté pouvait apporter bonheur et prospérité. Le curseur de l'augmentation de la masse monétaire est donc depuis longtemps dirigé en priorité sur l'entreprise. Doctrine fondamentale du libéralisme dont sont imprégnés les acteurs et décideurs du système libéral, qui explique également les errements et crises économiques, donc sociales, quand les flux monétaires n'agissent pas de façon harmonieuse, mal dirigés vers le progrès. La stratégie de la demande, pourtant la base du système, qui supporte celle de l'offre, s'éloigne de celle-ci. Elle doit être prioritaire et directe et sera plus efficace, parce qu'immédiate. Une croissance suffisante, constamment régulée, alimentée à la fois par les flux issus de la demande des acheteurs et complétée par ceux de l'offre des entreprises et de la finance, parfaitement dosées, peut seule permettre d'arrive à terme, au plein emploi. La croissance, bien contrôlée[150] est la seule voie vers le progrès humain.

L'économie du progrès est la forme socialisée de l'évolutionnisme. C'est la raison pour laquelle nous ne pouvons pas expliquer pourquoi et à quel moment a lieu un changement fondamental d'un système quand il fonctionne de lui-même sans rencontrer d'obstacles. De même qu'on ne sait pas exactement quand, ni pourquoi, une nouvelle espèce animale est apparue. Cet effet de l'évolution sociale et économique est connu : le quantitatif, arrivé à un certain seuil, exerce une pression qui change le qualitatif. Cet effet apparaît à un certain niveau quantitatif quand on peut formaliser des objets en catégories différentes. Le changement qualitatif est une création qu'on qualifie souvent (à tort) de spontanée alors que c'est un simple effet de seuil qui dépend du temps.

Le qualitatif est de l'ordre de la perception humaine. Il éloigne d'autant les possibilités d'analyse à partir de statistiques. La qualité est cet aspect de l'économie sociale qui échappe au chiffrage quantitatif. Combien exactement faut-il de grains de sable pour qu'on puisse dire

---

[150] Selon son contenu qualitatif, en faveur de l'écologie par exemple. Rendu possible par des systèmes de taxation et de bonu-malus.

que, tenus dans la main il s'agit d'une *poignée* de sable ? Combien de crins *exactement* faut-il pour faire un type de balai ? C'est une appréciation qui reste approximative parce que subjectivée et liée à l'expérience, uniquement conçue pour l'usage. Nous ne pouvons pas réellement expliquer pourquoi et à quel moment a lieu un tel changement qualitatif à partir d'un résultat statistique quand les effets secondaires se cumulent depuis un certain temps. Tout se passe comme si la pression exercée sur une masse d'objets pouvait, arrivé à un certain seuil, changer une apparence. L'Economie vue de cette façon nous sépare des économistes orthodoxes, qui ne voient que la « vérité » des chiffres sous prétexte qu'un kilo de plumes équivaut à un kilo de plomb. Vrai dans le vide, mais faux dans notre réalité. Le réalisme vivant des keynésiens s'oppose à l'abstraction orthodoxe dogmatisée par les monétaristes anglo-saxons. La macroéconomie *normale* doit se dresser face à la microéconomie rudimentaire, élevée dogmatiquement au niveau macroéconomique du comptable qui ne jure que par le budget et son équilibre, comme l'a décrété Mme Tatcher[151].

Il est possible d'agir pour la croissance en contrôlant la circulation monétaire, en connaissance de cause, quitte à doser les investissements de ces masses monétaires pour que ces forces soient significatives, mais sans les excès qui risquent de rompre l'équilibre des pressions internes dans la « tuyauterie ». Le dosage quantitatif doit tenir compte du moment le plus propice pour agir dans un système en évolution permanente. La priorité, s'agissant d'investissements, doit être faite en tenant compte de la

---

[151] Fille d'épicier, elle avait une vision de petit comptable, qu'elle a transposée au niveau national.

réactivité, qui, évidemment, dépend de l'appréciation de la population et des autres acteurs économiques. Ainsi l'Etat dit « providence »[152] doit augmenter les allocations à la population, et surtout obliger les entreprises à augmenter les bas salaires (SMIC) quitte à compenser intégralement leurs nouvelles charges en puisant dans le budget général. L'offre équilibrée de prêts bancaires suivra automatiquement l'accélération de l'activité. La confiance retrouvée parmi la population, si la masse salariale augmente en permanence, fera le reste, c'est-à-dire entraînera la croissance et par suite, logiquement, l'emploi augmentera, qui à son tour augmentera les liquidités, donc les richesses, etc.

Le fonctionnement de l'Economie n'est pas que mécanique : appliquer une force humaine à un outil, dépend de la façon de le manier : la main de l'homme en économie est primordiale. Décisions parfois difficiles parce qu'on ne sait pas à l'avance ce qu'elles vont produire en réalité. Si, en définitive, elles seront conformes à ce qu'on espérait. Comment se comporteront les acheteurs ? Comment vont-ils apprécier la situation générale qui admet ou non leur confiance (figure 2 et 3) ? Comme nous l'avons pressenti plus haut en évoquant le changement qualitatif d'un système en évolution, on ne sait pas réellement quand une entreprise se modifie et, progressant, change « de nature » en changeant de taille.

Post-marxisme
La solution marxiste serait-elle la seule susceptible de gommer les inégalités et la prédation capitaliste ? Si l'on se réfère à la période communiste, issue de la révolution

---

[152] Expression utilisée par la droite conservatrice pour dénigrer ce que le Conseil national de la Résistance (CNR) a instauré après la guerre, pour restaurer l'égalité et la fraternité républicaines.

soviétique, cela parait exclu, du moins telle qu'elle a été expérimentée avec la suppression de la propriété privée des moyens de production. Prix et salaires étant décrétés, le manque d'attraits au travail par des salariés fonctionnarisés, diminuait le dynamisme du système libéral dû à la compétition exacerbée existant entre entreprises, à la recherche du gain maximum, transmise au salarié par le patron. La production en a été freinée, à quoi on peut ajouter qu'elle n'a pas été bien dirigée par manque de moyens d'informations d'une direction bureaucratique économique incapable de bien répartir les richesses produites dans un pays trop grand, dotés de circuits archaïques. La monnaie a continué à circuler, lentement certes, mais en produisant toujours un effet déviant, à l'avantage de ceux qui étaient bien placés dans le circuit monétaire. La corruption, a accaparé ces maigres ressources. Elle a gangréné le système affaibli par le manque de puissance de rotation monétaire, restée localisée pour la production courante. Seule la production lourde était privilégiée, au niveau national. La mauvaise utilisation des ressources, liée à une distribution anarchique des produits dans un pays certes extrêmement vaste, ne pouvaient que faire écrouler un système resté en majorité féodal[153]. L'inertie, la gabegie, devenait la règle. Le dirigisme économique impuissant, a généré un ultra-dirigisme politique séparé à peine du capitalisme florissant par comparaison, séparé par un mur, à Berlin, et autres frontières difficilement hermétiques, issues du partage artificiel de Yalta. Le dernier modèle de ce type existe encore en Corée du Nord, doté d'un système dictatorial sanguinaire, comme l'avait été le régime de l'URSS, et les régimes communistes asia-

---

[153] Le remplacement de pièces mécaniques était difficile, parfois impossible.

tiques comparables, avant de basculer, par une sorte d'aimantation, dans le capitalisme triomphant, ce qui ne peut plus plaider en faveur d'un système économique marxiste.

Pourtant, connaissant ces défauts, il serait possible, à notre époque, d'y remédier avec les moyens informatiques actuels. D'une part en centralisant la demande de la population, à partir toujours de ses achats pour savoir quoi produire, et surtout en supprimant l'une des deux composantes de la monnaie, celle qui résulte des échanges des marchés, qui dévie et accumule les plus-values. Il suffirait de remplacer les salaires habituels par des salaires renouvelés par périodes courtes, par exemple mensuelles, dont le solde non dépensé, serait non reportable. Le crédit serait également supprimé. Certains adeptes de monnaie locale, appelle cette technique une « monnaie fondante »[154]. La circulation, de bas en haut, ne ferait que redonner les indications de quantités à fabriquer à partir donc de l'achat final. Le producteur ne ferait que déduire l'approvisionnement nécessaire. Les coopératives de production et de distribution ne reporteraient pas non plus de plus-values. Ce qui serait donc impossible de les cumuler : cette formule tuerait le capitalisme dans l'œuf. Bien entendu tout ce système serait informatisé à la base, à partir de cartes de paiements fonctionnant comme les cartes de crédit. Il suffirait de réorienter les flux, à chaque passage dans les lieux de traitement, étant entendu que le rôle unique de la « banque » serait de diriger les flux de façon

---

[154] Cette « monétique » est en cours de généralisation, depuis qu'il est possible de payer des sommes inférieures à 20 euros par contact d'une carte bancaire. En Suède la circulation de la monnaie en espèces est de plus en plus rare. Technique qui aurait l'avantage de supprimer l'économie souterraine, dont le trafic de drogue.

automatique, celui de l'Entreprise, devenu coopérative, serait neutre en tant qu'intermédiaire. Seul l'Etat prendrait les décisions des montants des salaires et des prix dans un sens plus équitable pour la population, tout en préservant les ressources énergétiques, par des contrôles quantitatifs et qualitatifs efficaces parce que détachés des flux financiers.

La suppression totale du capitalisme ne se ferait qu'au prix d'un certain ralentissement du progrès matériel[155] La puissance du capitalisme vient de l'effort du gain de temps que l'argent permet d'obtenir dans une économie de marchés. C'est un paramètre essentiel de la force du travail, accaparé par des intermédiaires. Avec le non cumul de la monnaie financière, il serait possible de contrôler les volumes et les destinations des biens produits. Ce qui aurait l'avantage de maintenir la qualité du progrès matériel, devenu moins rapide certes, mais sans les inconvénients de la vitesse expansionniste des marchés.

L'économie serait plus pondérée plus humaine (pas de concurrence), sans la violence de la propriété transportée par l'argent, décuplée par la concurrence[156]. La production, fonctionnerait sous forme de coopératives. Bien entendu ce scénario, entièrement dirigiste, n'est envisageable qu'après que le plein emploi a été atteint de façon à tenir compte de la valeur travail des salariés producteurs, quitte à l'ajuster selon sa pénibilité. Seule la force du travail

---

[155] L'émulation que donnent la cupidité et la concurrence entre les entreprises, libre et non faussée, l'y incite le plus souvent. Ce sont les arguments majeurs du système libéral.
[156] L'émulation que donnent la cupidité et la concurrence entre les entreprises, libre et non faussée, l'y incite. Ce sont les arguments majeurs du système libéral.

subsisterait pour faire fonctionner l'Economie. Sur la figure 3, ne subsisterait que le plateau supérieur : retour à la technique vertueuse proche du troc et à ses surplus du travail non financiers. Ce scénario est-t-il utopique, ce qui ne veut pas dire irréaliste, ou simplement avant-gardiste ? En tout cas, il serait utile en cas d'effondrement total du capitalisme.

Post keynésianisme

Nous avons théorisé ce type de fonctionnement pour montrer que l'Economie et le politique étant intimement liés, le capitalisme ne pourrait pas être totalement supprimé sans changement fondamental du rôle de la monnaie du système libéral. Toutefois, sans aller jusqu'à cet extrême, Il est possible d'atténuer les prédations capitalistes, en contrôlant la croissance de la circulation monétaire, si l'on contrôle le crédit, et les flux intermédiaires, donc la création monétaire, quitte à doser les investissements étatiques pour donner des forces significatives à la croissance, sans les excès qui risquent de rompre l'équilibre des pressions internes dans la « tuyauterie » du réseau monétaire. Il est toujours possible de compléter les manques de masse salariale par des efforts budgétaires. Donner la priorité aux dépenses a été préconisé par J.M.Keynes et également par Haavelmo[157]. Le dosage quantitatif du surcroît monétaire doit tenir compte du moment le plus propice dans un système en évolution permanente. La priorité, s'agissant d'investissements, doit être faite en tenant compte de la réactivité, de la population et des autres acteurs économiques. Ainsi l'Etat dit « providence »[158] doit augmenter en

---

[157] Prix « Nobel 1989 »

[158] Expression utilisée par la droite conservatrice pour dénigrer ce que le Conseil national de la Résistance (CNR) a instauré après la guerre, pour restaurer l'égalité et la fraternité républicaines.

permanence les allocations à la population[159], et surtout obliger les entreprises à augmenter les bas salaires (SMIC), également en permanence, ce que nous avons considéré comme des investissements, quitte à compenser intégralement leurs nouvelles charges en puisant dans le budget général, comme on l'a dit au chapitre « Comment renverser la table ». L'offre équilibrée de prêts bancaires suivra automatiquement l'accélération de l'activité. Dans ces conditions, la confiance retrouvée parmi la population, fera le reste, c'est-à-dire entraînera la croissance et par suite, l'emploi augmentera, qui à son tour augmentera les liquidités, donc les richesses, etc.

Profitant de l'échec du communiste soviétique, les libéraux se sont empressés d'en déduire que seul leur système était valable. Mais cette fois, suivant la loi des systèmes, c'est l'ultralibéralisme et son monétarisme excessif, qui, de crises en crises de plus en plus fortes, se dirige vers un échec jugé probable par beaucoup d'observateurs. Pour les monétariste de l'Ecole de Chicago, la crise est normale, elle se résorbe toute seule. Il suffit d'attendre que l'équilibre se refasse, entre dépenses productives et pouvoir d'achat réel. Donc ne faisons rien. Tant pis pour ceux qui subissent les conséquences, considérées comme inévitables. Le passé montre en effet que les accidents dans le cours de l'histoire - famines, accidents naturels de l'évolution, révolutions et, bien sûr, guerres, ont fait ré-

---

[159] Régulé en tenant compte des inégalités, et non de façon uniforme comme le préconisent certains. Un « revenu » universelle ne ferait que déplacer le problème en entrainant une inflation sans compensation. On a vu que le fonctionnement de l'Economie n'est pas que mécanique : appliquer une force humaine à un outil, dépend de la façon de le manier : la main de l'homme en économie est primordiale. Comment se comporteront les salariés-acheteurs ?

gresser l'activité humaine, mais que celle-ci a repris par la suite en se reconstruisant sur de nouvelles bases. Le dogmatisme des « Chicago boys »[160], qui s'appuie sur cet argument, ne tient pas compte des possibilités humaines, des contrôles d'un Etat qui ne doit pas intervenir pour préserver les privilèges de ceux que la chance aura épargné. Ils laissent ce soin au système lui-même considérant qu'il existe un autocontrôle du facteur humain bâti sur le dogme de l'efficacité grâce à l'acteur « libre entreprise », attiré par l'appât du gain qui saura faire faire redémarrer la machine pour la faire fonctionner de plus belle comme auparavant[161].

Pourtant ce « laisser faire » dans la conduite d'un pays ne peut pas être déduit du système : des ajustages dirigés peuvent éviter des crises et développer les pays harmonieusement. Un autre monétarisme est possible, si l'on contrôle les flux monétaires à bon escient. L'Amérique est avant tout une entreprise. Elle en accepte les avantages et les inconvénients. *« Or c'était le temps où les pays riches, hérissés d'industries, touffus de magasins avaient découvert une foi nouvelle, un projet digne des efforts supportés par l'homme depuis des millénaires : faire du monde une seule et immense entreprise »*[162]

---

[160] L'Ecole de Chicago, où s'est élaborée la doctrine du « laisser faire » dont Milton Friedman a été l'initiateur.
[161] Ce dogmatisme a été formalisé sous le nom de « Consensus de Washington » appelant au tout privé et au non -interventionnisme de l'Etat. Mais ce principe vient d'être mis à mal depuis la crise des « subprimes » avec l'intervention massive des liquidités de la FED sous l'ordre de…Washington.
[162] René-Victor Pilhes – « L'imprécateur ». (Le seuil)

L'argent peut certes être vu comme un levier de croissance, mais il est possible d'éviter les effets nocifs. Aussi bien dans le capitalisme producteur que dans le capitalisme financier, puisque ce dernier reste encore nécessaire dans le système libéral. En quoi la financiarisation excessive de l'Economie serait-elle nécessaire à l'évolution, au progrès humain, si elle détruit une partie de l'humanité et ses ressources, autant qu'elle en a construit ? La loi des systèmes, avantages contre inconvénients, est une loi expérimentale universelle. On a constaté qu'il n'est pas possible de modifier de l'intérieur un système en cours de fonctionnement. La trajectoire de ce qui a été conçu à l'origine du système n'est modifiable que confrontée à des forces extérieures. Rien n'est moins intelligent qu'un outil. Seuls comptent les intentions des programmes conçus à l'origine par l'homme, qui, en en prévoyant un bon usage, peut le modifier en connaissance de cause : il suffit de modifier à bon escient, les paramètres qui le font fonctionner.

L'argent depuis sa création a eu l'avantage de faire progresser matériellement l'humanité à une vitesse devenue exponentielle depuis l'industrialisation. Mais le capitalisme qu'il a généré a accru à la même vitesse, les prédations pour une grande partie de cette humanité.

Cette étude sur la macro-économie, qui fluctue selon des facteurs autant psychologiques que physiques, montre que l'Etat peut prendre des décisions monétaires logiques et nécessaires[163], avec discernement, allant vers la prospérité avec une croissance choisie, bien tempérée.

---

[163] Une croissance harmonieuse suppose que les intervenants dosent les liquidités en quantité adéquates et à l'endroit et au moment propice de façon à éviter les chocs ou des excès de liquidités. Ce qui suppose évidemment des règlementations adaptées aux circonstances.

L'ultralibéralisme, n'est que la continuité du système de la libre entreprise, amplifié et non contrôlé, arrivé à un seuil où il change de qualité : ce n'était pourtant pas réellement nécessaire depuis les années 1980, quand le lobby financier a réussi à persuader les gouvernements d'abandonner le keynésianisme comme volontarisme monétaire, au profit des banques et financiers prêteurs. Il y avait pourtant des seuils à ne pas franchir. La création de la masse monétaire a simplement été déviée au bénéfice des banques qui, de ce seul fait, ont pu prendre le pouvoir sur l'Etat.

L'homme a progressé dans les pays développés, rapidement depuis quelques siècles, ne serait-ce qu'en protection et en durée de vie. Grâce ou malgré l'argent ? Les effets pervers prédateurs qui accompagnent le progrès pourront-ils être contrôlés ? Ce double aspect, violence et progrès, est une réalité permanente du monétarisme, parfois dénoncée par les religions, mais, - est-ce un hasard ? - admise par les protestants puritains et pragmatiques anglo-saxons, qui justifierait leur rigueur morale et économique par un soi-disant réalisme comptable. Seuls les chiffres représenteraient la réalité. Ils seraient la seule vérité de l'économie : l'intérêt, dans les deux sens du terme, mène le monde disent-ils. L'argent serait une manne[164] qu'il faut gérer de façon comptable, dans l'austérité et avec forces précautions. Il doit être considéré comme un don de Dieu, qu'il faut préserver et gérer dans tous ses états. Il faudrait donc l'accepter, selon Sa volonté sans intervenir dans le cours de choses. La prédation, sera donc admise, ce qu'on peut déplorer, mais sans se préoccuper de la violence que chaque espèce vivante génère

---

[164] Sur les billets et pièces de un dollar il est écrit « In God we trust » Nous avons confiance en Dieu...comme dans ce billet.

pour sa survie en concurrence permanente avec les autres. Pureté Intransigeante des luthériens, contre la tolérance des Lumières (Voltaire) ?